民革前辈纪念场馆系列丛书

刘文辉与安仁故居

民革中央宣传部 编

团结出版社

图书在版编目（ＣＩＰ）数据

刘文辉与安仁故居 / 民革中央宣传部编. -- 北京 ：
团结出版社，2018.12（2023.12 重印）
ISBN 978-7-5126-5765-6

Ⅰ．①刘⋯ Ⅱ．①民⋯ Ⅲ．①刘文辉（1895-1976）
－生平事迹 Ⅳ．①K825.2

中国版本图书馆 CIP 数据核字(2017)第 277898 号

出　　版：团结出版社
　　　　　（北京市东城区东皇城根南街84号　邮编：100006）
电　　话：(010) 65228880　65244790
网　　址：http://www.tjpress.com
E-mail：zb65244790@vip.163.com
经　　销：全国新华书店
印　　装：廊坊市印艺阁数字科技有限公司

开　　本：170mm×240mm　　　16 开
印　　张：13
字　　数：183 千字
版　　次：2018 年 12 月　第 1 版
印　　次：2023 年 12 月　第 3 次印刷

书　　号：978-7-5126-5765-6
定　　价：32.00 元

丛书编委会

总 顾 问： 万鄂湘　郑建邦

顾　　问： 李惠东

主　　编： 刘良翠

执行主编： 蔡永飞

执行编辑： 金绮寅

序

万鄂湘

"民革前辈纪念场馆系列丛书"即将陆续出版,这是民革自身建设中一件很有意义的事。

首先,它开辟了民革党史宣传的新途径,为民革党史宣传提供了新的资料和素材。顾名思义,"民革前辈纪念场馆系列丛书"是由与民革前辈纪念场馆内容有关的一系列图书组成。这里的"民革前辈",包含了民革60多年历史中,为民革的创立、发展,为民革在新民主主义革命和社会主义革命、建设、改革开放做出独特贡献的过程中发挥重大作用和影响的民革老一辈领导人和著名人士。他们有的早年就为孙中山先生的理想和精神所感召,追随中山先生为推翻专制、建立共和而忘我奋斗;有的在中国共产党领导下,为国家独立解放和中华民族伟大复兴事业做出了历史贡献。其人其事,足以彪炳史册;其精神风采,足以为后人楷模。

民革前辈纪念场馆是民革前辈一生事迹的实物见证,是宝贵的政治资源、文化遗产,是传承爱国主义精神、宣传多党合作的重要载体,是联结海峡两岸、全球华人的精神纽带。为了更好地推动民革前辈纪念场馆之间的交流,推动纪念场馆保护利用不断深入,2011年10月,民革前辈纪念场馆联谊会在朱学范主席的家乡上海市枫泾古镇成立。此后,民革中央提出了编辑出版"民革前辈纪念场馆系列丛书"的设想,相关部门着手拟定编写方案、申请出版资金、物色合适的作者。丛书的编写工作逐步展开,拟把众多民革前辈中有一定社会影响、其故居等纪念场馆又保存较为完好、社会影响较大的编辑成书,呈现给广大读者特别是广大民革党员干部,提供一本特色明显的民革党史、多党合作历史学习读物。

其次，它创造了民革党史宣传的新形式，集人物传记、故居介绍及相关文章于一体，内涵丰富、文笔生动、图文并茂，便于广大读者接受。近年来，民革中央先后编辑出版了《中国国民党革命委员会60年》《民革领导人传》《民革与新中国的建立》《民革前辈与辛亥革命》等党史图书。本丛书与此前党史图书的不同之处，在于其将人物传记、故居介绍及相关文章有机地融为一体，形式别具一格，并配有大量的图片，合乎新形势下读者的阅读习惯和心理，体现了与时俱进的时代特色。

再次，它从一个侧面宣传了多党合作的必然性、独创性和优越性。本丛书注重描述民革前辈及纪念场馆与民革历史、多党合作历史有关的内容，选择了已发表的相关文章，互相呼应，从不同角度、侧面展现了民革、多党合作的发展轨迹，角度独到，立意深远。

中国共产党第十八次全国代表大会胜利召开，为全国各族人民指明了前进的方向，吹响了民族伟大复兴的集结号。2013年，习近平总书记在主持中共中央政治局第七次集体学习时强调，历史是最好的教科书，学习党史、国史，是坚持和发展中国特色社会主义、把党和国家各项事业继续推向前进的必修课。希望本丛书的出版，能够起到宣传民革前辈爱国革命事迹、弘扬民族精神、引导包括民革党员干部在内的最大多数的群众共同致力于中华民族伟大复兴的中国梦的作用。也希望广大民革党员干部以习总书记的重要讲话精神为指导，静下心来多读些书，下一番功夫，学好民革历史，学好中共党史，学好国史，不断增强自己的个人学养，增强对中国特色社会主义的道路自信、理论自信、制度自信。

（作者系全国人大常委会副委员长、民革中央主席）

目 录 Contents

刘文辉传略

第一章　从军路上脱颖出

尚武启蒙读军校

　　刘文辉于1895年（清光绪二十一年）出生于四川大邑安仁古镇的一个富庶之家。长兄刘文渊系廪生，为人正直，精通文墨，受父母之托，兴办族塾，授业同族弟男子侄。而授业之佼佼者，就要数幺弟刘文辉了。文辉从年幼起，就在大哥文渊的教诲下成长。大哥不仅在学识上对文辉传道授业，更在人生道路上为他指路领航。

　　刘文辉的青少年时代，正处于清末中国落后挨打、遭遇帝国主义列强不断侵略瓜分的时代。这期间，大邑县教育界的有识之士，如张全琮、李吉人、李希元和王致唐等，他们怀着一颗赤诚的救国之心，面对腐败无能的清政府和满目疮痍的国家，纷纷自发在学堂和改良私塾中倡导"尚武"精神和"军国民教育"，十分重视在体育课中进行兵武体操和枪棒训练。

　　刘文辉在受其大哥的启蒙教育之后，又师承上述师长，明确了"要强国，乃必先强兵"的道理。再者，其时家乡大邑县的"尚武"精神已成风尚。刘文辉相继得知，他的同乡和亲属中，就有清源市的刘成勋和王既英、灌口场的杨骁骑、城区的陈洪范、邻近唐场的张成孝等，都已先后毕业于四川武备学堂，并在军队中充任军官了，他们无形中成为刘文辉"尚武"的"偶像"。

安仁镇地理位置

给刘文辉留下更深刻印象的是自己的堂侄刘湘。就在刘文辉接受启蒙教育时，刘湘也同他一道在祠堂里念族塾。刘文辉目睹他曾用根麻绊扣，帮他父亲刘文刚拉"鸡公车"（作者注：一种承担农村主要运输任务的交通运输工具）。然而，大概还不到七年工夫，这位堂侄刘湘就身着准尉官制服，身材魁梧、仪表堂堂地站在刘文辉面前了！当年除夕之夜，正是这位堂侄担任着祭祖时司仪，那是何等的威风凛凛、光宗耀祖啊！

刘文辉自幼气度不凡，睿智聪颖而且善于思索。他想：是什么改变了刘湘的命运？是军校，最初的四川陆军弁目队（作者注：20世纪初一个著名的军事速成学校，由熊克武创办），尔后的四川陆军速成学堂！啊，是的，军校可以改变命运，成就人才！既然如此，他刘湘能够办到的事，我刘文辉为什么就不能呢？思索的结果是：

我能，我能，我一定能！

正在这时，刘文辉的塾师李希凡老先生又为学生讲了清廷废科举、兴科学和富国强兵、投笔从戎、报效祖国之道。因此，报考军校，成为莘莘学子，就成了刘文辉的首选。

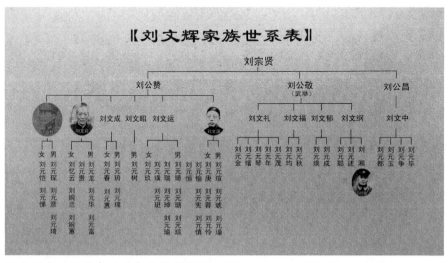

刘文辉家族世系表（刘春明摄影）

1908年（清光绪三十四年），贵州举人王家容任大邑知县，他布告全县，倡导大邑学子读军校，说学成后参战，可保家卫国，现在接受军事训练，还可免交膳费。因此，读军校乃利国利民的大好事。布告末提示："四川省城成都陆军小学堂现在正在招生！"

于是，刘文辉决定去报考陆军小学。他的想法首先得到大哥刘文渊的支持。他们就一起去说服父亲。父亲听说读陆小可免交膳费，因此也同意了幺儿的想法。就这样，刘文辉就在大哥的引领下去成都投考陆军小学。

文辉进入考场对号入座后，翻开考卷一看，一行考题映入了他的眼帘：试论强国富民之道。

这题目，根据当时的时代背景，其实早在大哥和他本人的意料之中。因为平素大哥也为他命过类似的练笔作文，故使刘文辉现场构思行文得心应手。他思索一番之后，便展卷挥毫，作起文来：

欲强国必先练兵。兵不强则不能御外侮，将兆瓜分之祸。裕国必先富民。富民之道，在兴工固农；救国之道，在因势利导……

文试之后，次月又进行武试。内容是大邑塾师李希元早就教导过的兵式体操、枪棒动作以及列队考核。这些对文辉来说，不在话下。因此，考试科目一结束，刘文辉自我感觉良好。一出校门，大哥关切地问道：

"幺弟，此次考试如何也？"

"还算可以吧，"刘文辉留有余地地答道，"不过，尚待榜示而定呢！"

五天之后，刘文辉望眼欲穿的榜示之日终于来临了。这天，兄弟二人早早就来到了陆军小学堂门口，有数百考生和家人正在那儿看榜。文渊正在翘首以望时，幺弟眼尖，看到了那人红榜上的第三名，赫然写着：大邑刘文辉！于是他立刻向大哥报喜道：

"大哥，我考中了！"

"是的，幺弟，我也看到了，是第三名！"

榜示之后，这下，兄弟两人近一个月来的紧张心情平静了，也高兴了、放心了。但文辉似乎并不以此为满足，大哥见状，问道：

"幺弟，今天榜上有名了，何以未见你笑逐颜开？"

"大哥，我被录取了，预示着我今后的责任更重，路程更长，任务也更艰巨了！"

"幺弟志向卓尔不凡，言之有理啊！"

眼看开学在即，文辉就留在省城，而让大哥回安仁老家向父母复命。而此后几年的学习生活，则开启了刘文辉的军旅生涯。

1911年（清宣统三年）夏，刘文辉从四川省陆军小学堂毕业。同年9月，赴陕西入西安陆军中学。武昌起义后辍学返川。1912年（民国元年）9月，又赴北京入陆军第一中学就读。1914年（民国三年）7月，刘文辉从陆军第一中学毕业，8月，被保送到保定陆军军官学校继续深造。

保定陆军军官学校的前身，是袁世凯担任直隶总督时创办的北洋武备学堂。从历史的渊源而论，是清末北洋各军事学堂的延续和发展。辛亥革命后，袁世凯就将该学堂迁往北京，同时又在原地开办了保定陆军军官学堂。这是一所相当于日本士官学校的军事学校。较之

以往的中国军校，保定陆军军官学堂形成了完整、正规的规章制度。国民党的许多高级将领，如蒋介石、陈诚、李济深等，都在这所学校学习过。能进入这所学堂就读，对刘文辉来说，是人生的一大转折点，也是他的幸运。

保定陆军军官学校奉行西方"军人不得干政"的原则，对学生实行严格的管理，目的是将学生培养成为无条件服从命令的职业军人。学校里学生的来源和性格各异，而刘文辉在如此复杂的环境中读书，却能严格要求，自省自律，确是难能可贵了。除夕之夜，文辉为父母写了封信：

父母亲大人钧鉴：

今夕何夕，乃旧岁除夕是也。儿遥望南天，驰慕良久，思绪万千，谨为禀告。儿来北师，已二年矣。惟见故都城墙雄伟，宫殿壮丽，庙堂宏阔，牌楼博雅，公园谐趣，凡此皆非言语所能状述也。儿昔读古文，常以《两都》作为佳作，盖张衡尽述东西两京之繁华妙景也。如张衡再生，得见今之京城，恐将为其作品羞也。盖京师之繁华犹十倍于古两都也。然亦须容责彼，时代不同有以至此耳！

新年临近，大地回春。至望全家老少，均各安泰。

专此恭请。

福安！

儿：文辉 谨上

民国三年除夕于北京

1915年（民国四年）暑期，刘文辉回大邑安仁老家探亲。在父兄促合下，与一高氏女子完婚。但此次婚姻对刘文辉来说，却似乎没有什么感觉。新婚之后，仅10天，他就托辞离家返校了。

入伍谋职获重用

1916年（民国五年）夏，正值孙中山在广州发动护法运动之际，刘文辉从保定陆军军官学校毕业了。返川后，他想投奔的第一人，就是他原在成都读四川陆军小学时，高他两级的同学邓锡侯。邓锡侯，字晋康，四川营山人，出身于贫寒之家，还在孩提时就父母双亡，全靠娘舅父家将他抚养成人。邓锡侯先念私塾，后上陆小，因成绩优异，被保送入保定陆军军官学校第一期深造。他毕业后返川参加新军，任教练官兼帮带。刘文辉迟他两届入学。到刘文辉毕业时，邓锡侯已升任为川军第二十三军第二师五团团长，驻防成都北较场。

对刘文辉的前往，邓锡侯热情欢迎。而邓锡侯知道刘文辉这个老同学绝非等闲之辈，因此，在接见宴会上，就直言相告曰：

"自乾（作者注：刘文辉字）呀，你能前来，说明你还瞧得起我这个老同学。但只是，我这里池子太小，恐怕养不下你这么条大鲤鱼呢，哈哈！"

"哪里，哪里"，刘文辉答道，"你初出茅庐就当上了团长，老弟我来正好向老兄请教呢！"

"说真的，自乾兄，你来欢迎"，邓锡侯敛起笑容认真地道，"但去留完全由自己决定！"

邓锡侯这么讲，刘文辉也有考虑。他想，在老同学手下干，似乎也有点儿不光彩。因此，他找个托辞对邓锡侯说："此次来贵处，感

安仁故居客厅

谢老兄的盛情接待。至于去留问题嘛，容自乾回老家向父母禀报后再做决定吧！”

之前，毕业前夕，大哥刘文渊已去信通知，要他毕业后赶快回家，公干之事，由他"安排"。告别邓锡侯之后，刘文辉便在大哥刘文渊的引荐下，到成都拜访堂侄刘湘。此时的刘湘，任川军第一师第一旅旅长，在四川军政界初露头角。对大叔和小六叔的到来，刘湘盛情接待。席间，刘湘为两位长辈斟酒。此时，刘湘自然清楚他俩的来意。按说，以当时刘湘的身份和权势，安排刘文辉公干，是很容易的事。但是，他又有所顾虑。正犹豫间，大叔刘文渊发话了：

"勋娃子（作者注：刘湘小名），你小六叔已从军校毕业了，眼下想到你这里来，谋个差事……"

"这事，二位长辈请听我说，"刘湘爽快道来，"事情不是如你们想得那么简单……"

"那还能有怎么个复杂法？"刘文渊反问道。再瞧文辉一眼，但见小弟老大不高兴。因为这位敏感的小弟认为刘湘在说推口话而扫了自己的面子。此时，刘湘又接着说：

"原因是我在军中早就立下了规矩：不安排自己亲属。若我首先就违背了这个规矩，今后军中就会乱套。"刘湘说的也是实情。

"勋娃子，这么说来，你是不愿帮你小六叔这个忙了？"刘文渊又问道。

"哪里，哪里，"刘湘肯定地说，"这个忙，我帮定了！"

于是，午饭后，刘湘当即给自己的同僚、川军二师师长刘成厚打电话，要他无论如何也得给刘文辉谋个差事。末了，又写封亲笔信，让刘文辉带去见刘成厚。刘文辉见侄儿刘湘态度诚恳，就接过信来，同大哥刘文渊一道找刘成厚去了。

出门后，刘文辉悄声对大哥说："说句心里话，即便刘湘挽留我，我还不一定想在他那里干呢！"

"为什么？"大哥不解了。

"因为叔侄间在一起做事，总会碍手碍脚，不是个办法。哪天差事若干得好，升级了，人家还会说你是有关系专门提升的呢。所以，我偏要自己闯出一条路来，我就不信将来胜不过他刘湘！"

刘文渊从他的话中听出味道了：这小弟年少气盛，心高气傲，这可不利于一个青年人的成长呀。因此，他劝诫道："为人要谦逊谨慎，可不能目中无人啊。幺弟啊，这是至关重要的，切记，切记！"

刘文渊又带着刘文辉到刘成厚处。刘成厚，字积之，四川简阳人。早年由四川武备学堂选送日本士官学校留学。毕业回国后曾任云南讲武堂教官和新军管带之职。1917年（民国六年），任川军二师师长，次年任重庆镇守使。在护国战争中，刘成厚任四川护国军总司令，嗣后又任北洋政府委授的崇威将军。刘文辉从军校毕业来到他麾下时，他正在走红。刘成厚见刘文辉刚从军校毕业，且气宇轩昂，一表人才，说起话来也十分得体，又有刘湘电话和书信保荐，因此，刘成厚十分欢迎刘文辉的到来，立即下了张委任状，任命刘文辉为第二师上尉参谋。

刘文辉接过委任状一看，高兴了。因为他知道，军校毕业生到军队任职，最多只能任中尉，而现在刘成厚任命他为上尉，这是破格提

刘氏家族部分人员的照片（左起：刘文渊，刘文昭，刘文昭夫人）

升。因此，他马上立正，向刘成厚行了一个军礼道：

"多谢师长提携，日后自乾定当唯师长之命是听！"

"自乾弟多礼了，不必客气，"刘成厚捋着八字胡须笑道，"今后呀，让我们在民国旗帜下，共同努力奋斗就是了！"

刘文辉在刘成厚川军二师任上尉参谋期间，他的上司刘成厚并未按自己的诺言"在民国旗帜下""共同努力奋斗"。曾几何时，刘成厚又根据当时国内政治形势的变化，一头奔向了张勋麾下参与了复辟的勾当！当时的刘成厚十分得意，被拥护溥仪的张勋封为"四川督军"，授三等男爵，以为自己的好日子指日可待。但很快，刘文辉就发现刘成厚高兴得过早了。不久，随着孙中山在南方成立军政府，发动北伐，刘成厚即被唐继尧的靖国军赶到陕西去了。

扶摇直上谋拓展

刘文辉有着清晰的头脑和敏锐的目光。此时，他悟到刘成厚是在开历史的倒车，再在他的部队里做事情就没有什么意义了。于是，通过大哥刘文渊，再次向堂侄刘湘谋求职务。这时，刘湘又热情地向刘文辉伸出了援助之手。在询问了他的处境和意见之后，又写了封举荐信，将他荐与川军驻防乐山第八师师长陈洪范处。

这陈洪范，字福五，系刘文辉四川大邑同乡。他自幼聪颖过人，因家境贫寒，受堂叔的接济而上学。1903年（清光绪二十九年）考入四川陆军武备学堂。毕业后，又于1909年（清宣统元年）同大邑同乡唐场人张成孝一道考入北京陆军大学。毕业后，回四川任重庆镇守使署参谋长。1915年（民国四年），陈奉命开赴垫江清乡。由于爱兵心切，陈洪范认为兵士们劳师远征非常辛苦，过年时便买了头牛，杀了犒师。其时，四川军务督办陈宦得知后，以为陈洪范图谋不轨，将其逮捕关押。后经陈洪范陆大同学、陈宦的参谋长张联芳为其辩解、保释，陈始获释放，留军中任闲职。1916年（民国五年），护国之役中，川军二师师长刘成厚任命陈洪范为团长，后蔡锷又任命陈为川军二师第四步兵旅旅长，驻防眉山、乐山。在此后驱逐滇黔军战争中，陈洪范率部与滇黔军进行多次激战，为驱逐滇黔军立下了汗马功劳。1918年（民国七年），刘文辉按刘湘保荐，投奔这位大邑籍同乡时，陈洪范刚升任川军第八师师长，辖两旅四团，驻防眉山、乐山、峨眉、马边等14个县，师部设于乐山。

其时，正是各军阀谋求发展的风云之际，所缺者，正是人才。现在刘湘举荐刘文辉前来，陈洪范正是求之不得！于是，陈洪范十分赏识这位足智多谋而又善于带兵的小同乡，即委任刘文辉为川军八师第二十九团第二营营长。其后几年间，刘文辉的官职一升再升，很快当上了团长。刘文辉从军校毕业，不到五年时间，就完成了一名下级军官到川军将领的转变。其升迁之快，在川军中是绝无仅有的，实属扶摇直上，官运亨通！

这么一来，刘文辉少年得志了。来到川军数年间，他悟出了：要在军阀林立、斗争激烈的环境中立脚发展，就必须不断地扩展个人实力！有人有枪就可以拓展防区；有了防区，则可以拉丁派款、征粮收税，以至为所欲为。因此，刘文辉首先与大邑同乡、第三十二团团长冷寅东、第三十团团长胡直中、筹饷处处长张荣芳等实权派军官义结金兰，形成了一个六人集团，而集团的首领，正是刘文辉。

1920年（民国九年），川军发起了驱逐滇黔军之战。川军将领刘湘等提出"肥水不流外人田，肉烂还在锅里头"的川本位理论，这也正迎合了久受滇黔军鱼肉的川民心理。因此，民众纷纷拥护。刘文辉部加入驱逐滇黔军的战斗序列，因为指挥有方，一路长驱直入，势如破竹。不久，便直捣川南重镇叙府（今四川宜宾）。百姓纷纷拥护为民除害的刘文辉部，敲锣打鼓，杀猪宰羊款待刘部。在城墙、大街上贴遍了"欢迎刘文辉攻占叙府城"、"赶走滇黔军，百姓逢再生"等红绿告示（标语）。

其时，联军第三军军长刘成勋，正视察川南，途经叙府，见民众如此拥戴这位大邑籍小同乡刘文辉，便同他晤面交谈，更感文辉志向不凡，日后必成大器，故对刘文辉赞叹不已！于是，刘成勋不与刘文辉上司陈洪范商量，便独断独行，径直将刘文辉任命为独立旅旅长！

这么一来，刘文辉升官了，力强了，加之更有大邑同乡军长撑腰，于是，很快就牢牢地控制了川南重镇、长江上游的水陆码头叙府——这块被当时人称为"金不换"的地盘。这对刘文辉日后的发展，具有举足轻重的意义！

刘文辉在幕僚的建议下，认为欲谋拓展，必须摆脱陈洪范的约束，而新的拓展之基，就看好叙府。因此，他于同年在形式上呈报陈洪范："仰请赴叙整顿。"陈洪范情知他驾驭不了刘文辉，因此，便顺水推舟，在呈文上批了个"准如所请"。这样，刘文辉即名正言顺地开赴叙府安营扎寨，开拓发展了。

与此同时，刘湘升任川军第二师师长，而刘文辉还是以陈洪范部属的名义驻防叙府的。刘湘因位在陈洪范之上，又为了拉小六叔一把，因此，不与陈洪范打招呼，就独断独行地委任刘文辉为川军第一混成旅旅长。由此，刘文辉就完全脱离了陈洪范，另立门户，开始了自己的军阀生涯。

刘文辉传略

第二章　叔侄合作互赢利

叔助侄儿渡难关

1922年（民国十一年）夏，以熊克武、但懋辛为首的第一军同以刘湘、杨森为首的第二军之间展开混战。在此次混战中，刘文辉奉刘湘之命，率全旅由叙府开赴重庆协助刘湘参战，并担负维持重庆秩序的卫戍任务。

而此时的局势，对刘湘甚为不利。由熊克武牵头，约集邓锡侯、赖心辉、田颂尧等组成的"倒刘"联军，指责刘湘"宰割他人，善开战端"，一齐向刘湘开火。刘湘清楚自己已陷入孤立，但又找不到一个走出困境的好办法。正着急得焦头烂额之际，刘文辉为刘湘精心策划了一个好办法。他秘密修书一封，劝刘湘以"辞职"方式，减缓各方对他的不满，而实际上是以退为进，退居幕后，暗中发号施令。刘湘接信阅后甚为感动，不禁叹道：

"幺叔真乃睿智之知己也！"

因此，刘湘依计而行，于1922年（民国十一年）5月14日，通电辞去川军总司令兼省长等职，但暗中却调兵遣将，做再战准备。他一方面派潘文华驻防泸州；另一方面，又使人请孙传芳入川支援。殊不知此时第二军却起了内讧。开初，刘湘在委任杨森为第二军代军长时，刘文辉就曾谏言："子惠（作者注：杨森的字）其人野心甚大，不可不防！"此言真被刘文辉不幸言中。在刘湘辞职后，杨森果然出任

刘湘照（来源：网络）

第二军军长，欲将刘湘取而代之。这样，局势就于刘湘更加不利。

7月18日，川军总司令刘成勋发令，由第三师师长邓锡侯、边防军司令赖心辉为联军正副总指挥，共率兵30余营，沿东大路向刘湘防区重镇重庆急进。由是，刘湘方面真是岌岌可危！

一天，挚友冷寅东来刘文辉处说："自乾，我担心此次我们同刘湘将军凶多吉少啊！"

"不至于如此吧！"刘文辉胸有成竹道。

是的，刘文辉对形势的分析没有错。虽然大环境对刘湘有诸多不利，但决定事物发展的除了大形势还有小背景。在得知此次进攻重庆的联军总指挥不是别人而是邓锡侯时，他放心多了。因为邓是他当年保定军官学校同学，而且关系非同一般。因此，刘文辉得报后笑道：

"此次由晋康（作者注：邓锡侯的字）率部来渝，实乃天助我也！"

不几天，当获悉邓锡侯的先头部队已抵永川、与第二军傅常旅接火时，已被刘湘委任为重庆边防司令的刘文辉仅带两名亲信副官，就轻车从简，飞抵老关口。邓锡侯听说刘文辉来了，也立即赶来老关口。他见此处并无一兵一卒，正准备袭击重庆时，传令兵突然来报：

"二军一将领请见！"

"我道是谁？原来是你哟——自乾弟！"

邓锡侯照。（来源：网络。）

于是，二人握手言欢，哪里还有一丁点儿火药味呢！

"敢问城防司令，今天带了多少人枪来同哥子们抗衡？"邓锡侯笑道。

"并无一兵一卒，"刘文辉手一摊，笑答道，"仅自乾孤身一人而已！"

"你这是唱的哪一出啊？"邓锡侯问道。

"我这是在唱《关云长单刀赴会》嘛！"刘文辉答道。

随即，刘文辉下令，重庆边防司令部杀猪宰羊，犒劳远道而来的东路联军。在刘文辉的妙计下，联军与二军之间的敌对关系，倾刻化为乌有。

是夜，邓锡侯与刘文辉在老关口达成协议：

省联军对刘文辉旅在渝维持秩序，颇为感谢。待战事平定后，刘部仍将开拔返回叙府，驻原防区；刘湘既已辞职，即由刘文辉护送回原籍大邑安仁。

再说，重庆这边和解了，但联军却绕道遂宁进攻合川，与二军四师潘文华部激战。潘部伤亡颇大。此时，刘湘电令潘向江津方向撤退，仅余郭勋祺一个整团和吴彦荪部残存的几个连人枪共约两千余而已。

此时，刘湘自知大势已去，正在走投无路之际，刘文辉派去几个便衣卫士，让刘湘化装后，将他护送至重庆。叔侄俩相见后，刘湘对刘文辉感激涕零：

"幺爸（作者注：是对小叔的称呼，即其父亲最小的那个弟弟），这次多亏您救了我；不然，侄儿我可就惨了！"

"老贤侄，快别这么说了。带兵打仗嘛，胜败乃兵家常事，"刘文辉宽慰道，"再说了，少年叔侄如弟兄，你我都是情同手足的安仁刘氏家族人啊！"

刘文辉当下妥善安顿刘湘于城防司令部住下，又遵刘湘令，派人秘密将潘文华、郭勋祺两员心腹将领召来。刘湘对他俩吩咐道：

"你们俩都是我的心腹挚友，如今更是患难之交。现在形势急迫，为留火种，我要你俩分别承担不同的使命。"说到此，刘湘按了一下胃部，过了一阵又继续说道：

"仲三（作者注：潘文华的字），你带少量人枪，回你仁寿老家，招兵买马，积蓄力量，以图日后东山再起之用。至于你眼下所剩十几个连，就一并交于翼之（作者注：郭勋祺的字）率领了。"刘湘说到此，又转向郭勋祺道：

"翼之啊，这两千余人枪，可是我们二军所仅存的一丁点火种了。你要妥为保存之。待近日刘文辉旅长转防返回叙府之时，你就将部队随之开拔，以免遭人暗算。"

"南公，请放心，我即刻赶回仁寿老家，"潘文华说，"遵您旨意，招兵买马，积蓄力量！"

"军座，有我翼之在，即有部队在！"郭勋祺说。

待郭、潘二人离去后，刘湘托起刘文辉双手，十分诚挚而又语重心长地道：

"幺爸，翼之年轻，带兵尚缺乏经验；加之，内有杨森，外有联军的暗算，使我很不放心。现在我仅存的这两千余人枪，可就托付给您老了，尚望您代为掩护，妥善保存。"说到此，刘湘向刘文辉鞠躬道："侄儿拜托了……"

"老贤侄，你这是干啥子呢，"刘文辉连忙拦住他，"为你保存这支队伍，也是我的责任所在嘛。这，你就放心好了！"

刘湘当时的言行，之诚挚，之郑重，着实让刘文辉也十分感动。过去，他常有一种自觉或不自觉要与刘湘一争高下的心高气傲。而真的到了刘湘委曲求全求助于他时，过去的那种心劲儿，反而不复存在了，这大概就是人们常说的"人心都是肉长的"吧！难怪后来刘文辉每当与人谈起当天的情景时就说：

"甫澄当日之情状，将那么一丁点儿部队托付于我，完完全全就像当年刘备在白帝城托孤——将阿斗郑重交付给诸葛亮一样啊！"

湘送文辉返安仁

其时，刘湘暂住刘文辉重庆城防司令部期间，成天心事重重，忧心忡忡，多亏刘文辉多方劝慰，才使他心境略有舒展。是日午餐时，刘文辉提着一瓶陶壶所装的粬酒来。开壶后，刘湘闻之，酒香袭人，于是问道：

"幺爸，你这是啥子酒啊？"

"这个嘛，自然是我安仁刘氏家族祖传的刘墩子老窖啰！"刘文辉边说，边为刘湘斟满一杯。

"唉，幺爸，少掺点儿哟，"刘湘忙招呼道，"我这心口（胃）饮酒多了，承不住啊！"

"哎呀，酒壮英雄胆嘛，"刘文辉满上后，笑道，"今天我们叔侄俩就来他个一醉方休！"

"这刘墩老窖果然名不虚传，"刘湘呷了口酒，品尝后道，"浓香扑鼻，回味醇甜。唉，这酒大概是叔公公亲手酿造的吧？"

"非也！"刘文辉夹起一片红彤彤的叙府酒糟腊肉来，放在刘湘碗里道，"一般人以为是我父亲才着手开烧坊。其实不然，那烧酒作坊呀，早在我祖公，你高祖（作者注：即刘宗贤）手头就已经开始酿酒了！"

"哦，那么早呀！"刘湘一听，诧异地问道，"这老窖竟有这般长的历史？"

"然也。"刘文辉点点头，"我们刘氏家族族谱上就是这么记载的。当时是清道光年间，祖公刘讳宗贤为了练武、舒经活血，按特配秘方酿制而成。自酿自饮，并不对外罢了。不过，老窖确是从那时启始的。"

"原来如此。若幺爸不说，我这刘氏家族之后都还未曾知晓呢！"

"那叙府老窖，我看也不过如此而已，"刘文辉趁着酒性道，"我想有朝一日将叙府老窖，同安仁镇的刘墩子老窖合并起来，酿造一个'四川王'（酒）如何？"

"'四川王'？！"刘湘正欲举箸，一听幺爸这么一句酒后吐出的"真言"，立即吃惊得下意识地止住了伸向那碗豆花的筷子，"幺爸的口气——啊，不，此其志不在小喃！"

"酒后狂言。我，姑妄言之了；你，姑妄听之，贤侄又何必当真？"刘文辉此时也似乎意识到了什么，于是就此打住、岔开话题，

"来来来，喝酒，喝酒！"

就在叔侄俩举杯痛饮的当天下午，刘文辉的副官即发现有两个来路不明的人在司令部门前转悠。刘文辉得报后分析，一定是联军派人来打探刘湘的下落了。因此，此处刘湘已不可久留。于是，到8月7日，刘文辉安排刘湘秘密赴重庆南岸王家沱日商义新纱厂暂避。为防途中联军盘查，刘文辉特派轿车护送刘湘，并为其发给城防司令部通行证，刘湘这才得以躲过一劫。

通过思索和反省，刘湘很快从失败的沉痛中振作起来，并未因兵败而丧失斗志，且称霸四川雄心未泯。他人在日商义新纱厂，心却早已驰骋全川。通过刘文辉，他及时了解诸多信息，并暗中派人向旧部传达"暂且各自图存"的指示。但其中有次在通信时被联军陈国栋部将信使挡获。那信使本系刘湘心腹，所以在审讯前及时将密信吞下，让对方疑而无证；又加之有刘文辉出面转圜，这才了却了此事。但由此，联军方面更恨刘湘了。

此时，刘湘已不可在重庆栖身。刘文辉只好按原来在老关口与联军签署之协议，多方疏通，取得谅解。刘湘带着刘文辉为他物色的卫队梁国华连，绕道隆昌、内江、威远，再通过刘文辉的叙府、乐山防区，辗转行程千余里，这才返回大邑安仁老家。一进安仁古镇，刘湘就颇有感触地叹道：

"若不是幺爸多方相助，甫澄我这辈子大概再也回不来了！"

刘湘在刘文辉的保护下，安全抵达安仁老家，但刘文辉的挚友邓锡侯却代人受过。刘湘下野后，刘成勋继任川军总司令兼省长，驻镇成都，号令全川。因在"倒刘（湘）"战争中，作为省联军东路总指挥的邓锡侯，与保定系同学刘文辉拉同学关系而"放纵刘湘"，继而又在战争结束后为争夺防区等事由，冒犯了川军总司令兼三军军长刘成勋，故刘成勋下令解除邓锡侯师长之职，并令陈国栋讨伐之。邓锡侯不得已，被赶至通（江）南（江）巴（中）一带。

1923年（民国十二年）初，原已败北的二军军长杨森，在军阀吴佩孚的支持下，又开始反击川军，继而占领了重庆。此时，邓锡侯在杨森的怂恿下，又参加了第二军反一、三军之战，誓在此次战争中报刘成勋"一箭之仇"。为此，邓锡侯联络第二十一师师长、保定系同学田颂尧，率部暗中向成都开拔，要与刘成勋"决一死战"！

权术与武力并用

刘成勋照（来源：网络）

　　邓锡侯之所以如此强硬，除了有他人支持，还因为有刘文辉帮助这层关系。刘文辉答应他从叙府抽调三个团的兵力来成都参加反一、三军之战。不过当时参加混战的军阀们，眼中只有永远的利益，而无永远的朋友。再者，刘文辉从军阀混战中也深谙欲扩张强大，必须权术与武力并用的奥秘，这就使刘文辉在此次军阀混战中打起了自己的"小算盘"。

　　就在刘文辉的部队从叙府出发向成都开拔前夕，刘文辉收到一封刘成勋派人送来的一封密信。刘文辉就着灯光拆信一阅：

刘文辉旅长阁下：

　　现陈（国栋）、邓（锡侯）、田（颂尧）军已步步逼近成都，我等危在旦夕。若你能将来犯之敌堵于成都北门之外，而让一、三军从东、南、西三路安全撤退，我将委任你为川军第九师师长兼成都卫戍区司令；且将成都兵工厂、造币厂、四门统捐局税收等悉数交于你接管。

川军总司令兼四川省省长 刘成勋

民国十二年三月二十六日

刘文辉思索良久，然后也修书一封，让来人带回复命：

禹九（作者注：刘成勋的字）阁下：

　　来函已阅，详情尽悉。自乾一一照办。

　　次日，刘文辉火速将3个团的部队开赴成都。邓锡侯得报后满心高兴，以为老同窗支援自己来了。因此，他忙给战友田颂尧打电话：

"光祥（作者注：田颂尧字）呀，告诉你一个好消息：自乾援军已开拔，不日便抵成都！"

3月30日，刘文辉便以川军第九师师长兼成都卫戍总司令的名义将大队人马浩浩荡荡开赴成都，并按与刘成勋的约定，将部队带至成都东门外牛市口、龙泉驿一带驻扎。同时派人与邓锡侯、田颂尧联系说：

"我们三家部队暂驻扎成都东门以外牛市口，作佯攻状，以造成兵临城下氛围。然后，再派人进城游说刘成勋，让其缴械投降——这就如兵书所云的'不战而屈人之兵'……"

"此乃上上之策也！"此时还蒙在鼓里的邓锡侯立刻欣然同意了刘文辉的"高见"。

4月1日晚，是个月黑风高伸手不见五指之夜。是夜，刘文辉俨然以"东道主"身份，用上好酒席款待邓、田部将士。据说一来是为新任"自祝"，二来则是为了尽"地主之谊"。酒醉饭饱后，兵士们除少数哨兵以外，全部倒头酣睡。而刘成勋、熊克武部士兵，则趁此良机，在神不知鬼不觉的情况下，从刘文辉为他们敞开的成都东大门，悄然而安全地撤出成都，然后分东、南、西三路退去。

待到4月2日晨，邓锡侯、田颂尧和陈国栋等将领一觉醒来，一心想进城"不战而屈人之兵"，孰知成都早已成了一座空城！邓、田、陈这才醒豁过来，于是破口大骂：

"我们是上了龟儿子刘老幺的大当啰！"

刘文辉才不与之一般见识。他从容坐在川军第九师师长兼成都卫戍区司令的宝座上，派冷寅东接管成都军工厂，派四哥刘文成接管成都造币厂，又派后勤官陈耀伦接管四门统捐局。

在驻镇成都后，他以军事家和经济家的战略眼光，抓紧时间，争分夺秒

熊克武照（来源：网络）

21

地从武器和金钱上双管齐下，广开源路。一方面，他命令成都兵工厂工人实行"三班制"，息人不息机，昼夜不停开工生产，制造了大量的枪支弹药，源源不断地运往叙府，以装备新招收扩编的五个团的士兵；另一方面，造币厂炉火通红，浓烟滚滚，昼夜不停地大量铸造银圆、铜圆，归为己有。

不久，熊克武部又发起反击，率部攻入成都，亦得益于刘文辉里应外合之功。陈国栋、邓锡侯、田颂尧等早已望风而退，而刘文辉却还稳坐于他的川军第九师师长兼成都卫戍总司令的宝座之上，武器、钱币照造不误。

叔援侄东山再起

此次军阀混战，川中军阀获益最丰者，非刘文辉莫属。因为只有他才真正做到了既升官来又发财，官财官财一齐来！

此时，正退居大邑安仁古镇老家的刘湘并未"息影山林"，而是密切窥测动向，伺机而动。高参张斯可、乔毅夫等人相继前来向刘湘汇报四川的局势。由于继任省长兼总司令刘成勋取消军长制而激怒了众军阀，因此，对刘成勋群起而攻之了，最后逼得刘成勋通电下野，退居新津。与此同时，杨森在吴佩孚的支持下，又打回四川，联络刘成厚、邓锡侯、田颂尧、陈国栋等，通电讨伐熊克武，目前已攻下重庆。张斯可分析说：

"目前，川中战局的紧张、战事的扩大为军座的再起，创造了极为有利的条件！"

"五哥（作者注：指张斯可）此言极是！"刘湘表示同意。

因此，刘湘决定参加到杨森

1918年川军总司令熊克武呈赠孙中山的题照

方面，共同组织"倒熊（克武）"之战。他决定调动自己过去积蓄的力量参战：从叙永调出唐式遵团，从嘉州调出郭勋祺团，又从仁寿调出潘文华刚组建的新兵团，全面投入"倒熊"之战。但此时刘湘遇到了两个棘手的问题：一是缺乏军费开支，二是没有武器弹药。刚从叙府归来的乔毅夫说：

"军座，关于武器弹药和给养问题，我找到了一个解决渠道。"

"是何渠道？"刘湘一听，就迫不及待地问。

"我看叙府你的幺爸，就一有武器二有钱财！"乔毅夫道，"一年来，刘文辉在成都占据兵工厂和造币厂，进行大量生产制造，何愁没有武器和钱币？"

"然也，然也，"刘湘拍拍脑门道，"你不说，我倒忘了。这岂不是端到金碗还在做叫花子吗？"

为此，刘湘亲自出马，去叙府找到刘文辉洽谈。刘文辉升官发财了，腰杆子也硬了，见了刘湘便道：

"现在杨森有吴大帅的支持归来了，'倒熊'之战正方兴未艾，正是攻城略地的好机会，老贤侄何以不袖手旁观，按兵不动呢？"

"幺爸唉，要参战，此事也难哪！"刘湘连连摇头叹道。

"何以也？"刘文辉不解地问道。

"说到馍馍要米做。"刘湘说，"这就叫手长衣袖短，作揖不方便啊！"

"是捉襟见肘吧？"其实，刘文辉早就看出了刘湘此次的来意，"不就是需要武器需要钱吗？这好办，全包在幺爸我身上！"

"这可就解了侄儿的燃眉之急了！"刘湘一听，眉开眼笑，释然地道，"当然，这钱和武器，我也不能白要。待战事一结束，甫侄加倍奉还就是……"

的确，前期，正由于有了刘湘的保荐和提携，刘文辉才得以升任旅长，就说武器和钱财的资助，刘湘也没少给，即使是在"倒刘"战争前，刘湘还出资8万元大洋，让刘文辉派人去上海购买军火，这才使他装备了一整个旅。此刻人家侄子有难求助，我幺爸又怎么能斥斤计较呢？刘文辉一想到此，尚未等到刘湘说完，便将话给他挡了回去：

"甫徵，你这就见外了。我们两个谁跟谁？一提'奉还'，我可就啥子都没得哟！你把你幺爸我看成什么人了？"

"好，好，好，"刘湘笑道，"那就有借无还吧！"

"这还差不多！"

"那我总得告诉你一个'借'的数目吧！"

"啥'数目'呢？"刘文辉这会儿财大气粗，"东西多了，难以数计，我就给你一船银圆、两船铜圆和三船军火吧！"

"啊哟，那么多呀！"刘湘一听，吃惊不小，"幺爸，您老可真是狮子大开口了！"

"是呀，谁叫我是你幺爸呢！"

"不过，我也数计了，这就是一、二、三船吧！"

刘文辉哈哈一笑，点了点头。

自从接受了幺爸刘文辉的"一船银圆、两船铜圆和三船军火"的无私援助后，刘湘即如虎添翼，迅速参加到"倒熊"战争之行列。凭刘湘在川中军政界的影响和威望，他一出山，即受到众军阀的拥戴。是年7月30日，杨森、邓锡侯、田颂尧、陈国栋、刘斌等联名通电，共同推举刘湘为四川善后督办。刘湘立即率联军在泸州长江以下的南岸，同熊部的吕超、石青羊、汤子模等部进行激战，给熊军以毁灭性的打击。不过，此次"倒熊"之战，刘文辉仅在其旁静观默察。

1924年（民国十三年）2月，熊克武彻底溃败，在四川已无立足之地，只得率残部退往广东栖身，"倒熊"之战以刘湘大获全胜而鸣金收兵。战后，刘湘被北京政府任命为四川善后督办和川康滇边防督办，其势力不仅在川，还远涉西康和云南边区；同时，上述地区之军队亦归其节制。

刘湘在此次"倒熊"战争中获益颇丰。但是，他没有忘记战争伊始时，从军火、钱财方面对他进行大力援助的幺爸刘文辉。因此，刘湘知恩图报，将熊克武的部分残部，约一个师的军队交与刘文辉让刘文辉收编；同时，还让刘文辉接管富顺、江安、眉山、雷波、马边、犍为等地而拓展防区。这么一来，刘文辉几乎占据了整个川南，而刘湘则雄踞川东。叔侄俩相互声援，相得益彰，从而开创了"叔侄合作"的新局面。

老年熊克武

第三章　川战爆发有缘由

势均力敌争霸权

20世纪30年代初，刘湘与刘文辉双方实力不断扩大而又互不相让，以致到了"一川不藏二刘"的地步。又因双方互扣军火物资，大挖墙脚以及其他军阀唯恐天下不乱而从中煽风点火等，这些都成了"叔侄之战"的导火线。

当时，刘湘的第二十一军通过整军，将原10个师整编为6个师和6个旅，兵力约为十余万人枪；防区有重庆、万县、邻水、奉节以及川东各县等20余县。刘文辉时任第二十四军军长兼四川省省长以及川康边防总指挥，下设5个师和3个旅，全部兵力约12万人枪；防区有成都、上下川南及川东、川北、川西部分等70余县。可见，20世纪30年代初，四川的两大军阀刘湘与刘文辉二者在军队和防区的占有上，确是旗鼓相当，势均力敌。

在军阀混战中，由于利害关系使然，刘文辉与刘湘原本亲密的叔

国民革命军第24军军长刘文辉

侄关系，便逐渐出现了裂痕。因为双方防区不断扩大，军队的增多，实力的增强，助长了他们"统一四川，问鼎中原"而争相成为"四川王"之强烈欲望，谁也不愿屈居对方旗下且都以"四川监主"自居。由是，山雨欲来风满楼，天府之国四川，眼看就要面临着一场军阀混战了！

1931年（民国二十年）2月，为了扩军备战，刘文辉从上海向国外军火商购买了4艘轮船的军火，秘密沿长江运回四川。但是，没有不

透风的墙，此事不久就让刘湘的谍报人员获悉了。同时，更使刘文辉悬揣于心的是，夔门系刘湘的防区，又是那4艘轮船的军火入川的必经之地。倘若在途经夔门时，被刘湘卡住，那可就不堪设想了！刘文辉为了防患于未然，主动于当年刘氏宗祠清明会之际，伺刘湘求知：

"甫澄贤侄，幺爸有一事相托。"

"幺叔何事，只管吩咐，"刘湘满口应承，"小侄我照办就是。"

"不久，我将有几艘轮船的军火通过夔门……"刘文辉谨慎道来。

"那不成问题。"刘湘说，"届时，我通知方舟（作者注：王陵基的字）保驾护航，放行就是。"

刘文辉一听，心想：能放行就不错了，还保驾护航，护啥子航啊！但表面上还是作满意状，笑着点头。刘湘心想：几艘轮船的军火过夔门？！你幺爸生意越做越大喃，这我就可得多留留神啊……别人不了解，我还不知道你幺爸可是出了名的"多宝道人"啊！其实，他们叔侄二人都清楚，都是面笑心不笑，彼此之间的矛盾正在日益深化和激化着呢！

老蒋报复刘文辉

1929年（民国十八年）前后，蒋介石在国内四处挑起战争和暗挖别人墙脚，引得各省军阀怨声载道。而此时刘文辉正欲向外扩张。刘文辉从骨子里识破了蒋介石的"算盘"，认为蒋不过是借孙中山先生之名，行个人图私之实而已，十足一个军阀！既是军阀，就可以打；既然其他军阀都打得，为什么偏偏你蒋介石这个军阀就打不得呢？我刘文辉就不信这个邪，就是要通电打你这个号称"总司令"的新军阀！把你蒋介石打倒了，那就是我刘文辉打出四川、问鼎中原的大好时机！

恰恰正在此时——1929年（民国十八年）12月1日，唐生智、徐源泉等70余名将领联名通电反蒋。刘文辉经过充分的调查分析之后，毅然加入了这一由唐生智领衔的反蒋行列，通电主张："打倒蒋介石！因为他是南京政府之基础，是完全建筑在金钱与枪炮之上的……"两天后，他们又再次通电："中正下野，还政于民，为护党救国，共推统帅！"而这两次反蒋通电刘文辉都参加了，因此，这就使蒋介石对刘文辉怀恨在心了！

对于这两次通电反蒋，刘文辉曾在新中国成立后作过这样的评论：

我曾有过两次反蒋的历史，同蒋已到了水火不相容的地步。摆在我面前的道路有三条：一是向蒋介石投降，作他的驯服工具；二是脱离政治生活，到外国去当寓公（作者注：古指失其领地而寄居他国的贵族，后指凡流亡寄居他乡或别国的官僚、士绅等都称"寓公"）；三是坚持反蒋斗争，从斗争中去求得生存和发展。前两条道路同我这样一个人是格格不入的，当然不要走，事实上要走也走不通。因为蒋介石是个大流氓，向来欺软怕硬，你有本事整他，他便将就你；你若退让，他就叫你活不下去。势成骑虎，欲罢不能，只有走最后一条路，同蒋介石斗争到底。这就是我为什么长期坚持反蒋斗争的原因。

蒋介石给刘文辉的电文

不过，对于刘文辉，蒋介石奉行"君子报仇，十年不晚"策略。其时，时候未到，不但不报，反而对刘文辉还加以多方安抚。为此，在1930年（民国十九年）10月，结束了蒋、冯、阎大战之后，蒋介石即拟先求得四川的安定，以解除西顾之忧。因鉴于刘文辉等曾发出过反蒋通电，蒋介石则更采取"包容"的态度，佯装不知；同年11月还派曾扩情入川活动，并托曾向刘文辉"致以慰问和期许之意"。次年2月，又任命刘文辉为四川省政府主席。由此，刘文辉因两次反蒋而造成的对蒋介石那忐忑不安的心情，也就逐渐放松了。

这里，尚须插叙的一件事，是在如何对待蒋介石的问题上，刘文辉与刘湘叔侄俩之间，又增加了一层不满。事情还得从1930年（民国十九年）的蒋、冯、阎大战说起。

长期以来，刘湘之所以获得蒋介石的垂青，除了他曾"先期反共"得力而外，还因为他善于在斗争中审时度势把握"正确"方向。1930年（民国十九年）初，冯玉祥、阎锡山在太原举行会议，决定冯、阎联合反蒋。与此同时，四川的刘文辉也在成都少城公园召开"讨蒋大会"。1月13日，刘湘在重庆通电推阎锡山为全国海、陆、空军总司令，冯玉祥、张学良为副总司令。5月，蒋介石对冯、阎联军发起总攻击，中原大战爆发。

此时的刘湘却未进一步表态，因为他发现两方势均力敌。他分析的结果，认为此战结果决定于张学良。于是，便暗中派遣邓汉祥去沈阳摸张学良的底。邓与张过从甚密，张便向邓透露他决定拥蒋。于是，邓就速电告刘湘，刘湘得报后，则立即表示公开拥蒋。而此时的刘文辉尚蒙在鼓里，还满心认为冯、阎必胜，于是就迫不及待地通电反蒋。

事后，刘湘深得蒋介石的信任和重用。刘文辉认为：刘湘有意瞒着自己摸底拥蒋，密不透风，而使自己结怨于蒋，因此，开始对侄儿刘湘不满，而这正是叔侄俩反目的开端。蒋介石由于得到张学良的支持，在中原大战获胜。1931年（民国二十年）2月27日，由于拥蒋有功，南京方面任命刘湘为四川善后督办。而对于刘文辉，蒋则随时等待时机。不久，时机还终于让蒋介石给等来了。

1931年（民国二十年）春夏之交，刘湘便做出了攻打刘文辉的决定。但此事事关重大，不可贸然开战。因此，他想先请示蒋介石，希望此举能得到蒋介石的支持。于是，他拟定了一个请示蒋介石的《安川计划》，明确要取刘文辉在川地位而代之。该计划由曾扩情带到江西抚州，面呈蒋介石。蒋介石阅后大为振奋，以为这下报复刘文辉的时机到了！于是，便密函刘湘：

"若能在短期内解决刘文辉，大可便宜行事！"

刘湘有了蒋介石的支持，自然更坚定了战胜刘文辉的决心。

年少气盛树敌多

刘文辉于1930年前后，除了因通电反蒋冒犯了蒋介石，不满于刘湘之外，还因年少气盛、四面树敌而得罪了四川众军阀。诚如刘文辉自己后来在《走到人民阵营的历史道路》中回忆所写，"少年得志，不可一世。我后来曾用三句话来描绘当时的心情：天变不足畏，人言不足恤，祖宗不足法。"当时的刘文辉正是在这种目空一切的思想状况下，处处结怨于人而引起了群起而攻之的局面。

刘文辉凭他在多处富庶防区搜刮颇丰，因此，就不惜用大量金钱来拉拢收买川中其他军阀的部属。田颂尧的兵工厂委派的部下王思忠造出了大量武器弹药，却不上交田颂尧，而拿去武装自己部队去了。田忍无可忍，将王扣留问罪。刘文辉则隔岸观火，乘虚而入，将王思忠师已武装就绪的几个营，由其部下帅国桢率领，从兵工厂掩护到二十四军防区双流、新津驻扎，随即改编成旅。

再者，田颂尧部属的宪兵司令寇博渊，其兵力不足两个团，因投田后未升旅长而对田心怀不满。刘文辉探知后，即以大量金钱加以收买；而寇又恐被田收编，故而又继王（思忠）部之后，将部队拖到二十四军防区仁寿，投奔了刘文辉。这就引起了田部副军长孙震的愤怒。田颂尧即对刘文辉电话说：

"自乾兄，做人别把事情做绝了，何况我们还是同窗呢！你必须还我的寇部全部人枪！"

"光祥（作者注：田颂尧的字）兄，那是寇司令他自个儿找上门来的，我又有什么办法呢？"刘文辉托词辩解说，"再说，现在木已成舟，现在要寇部返还，怕有点儿难啰！"

"那我不管，反正我要包括寇博渊本人在内的全部人枪，"田颂尧态度十分强硬地说，"不然，我们就白刀子进，红刀子出！"说完，当即"啪"地一声把电话挂了。

此时，刘文辉才感到麻烦来了。田颂尧要他"人枪全还"，川康边防副司令、挚友冷寅东说："此事断然不行。你若将寇博渊送过去，那岂不是让他去送死吗？再说了，你现在这么一返还，哪个还敢来投奔你呢？"

他们正这么议论，寇太太披头散发哭着求情来了："求您可千万别把博渊送回去啊；一送回去，他可就死定了！"说着、哭着，就一头向刘文辉跪下了。

"寇太太，你起来，"刘文辉劝说道，"此事可从长计议。"

当下商定的结果是：只还枪，不还人，尤其要保护寇博渊——让其远走高飞；回头再敷衍田颂尧，就说此人因害怕而逃跑了，至今下落不明。于是由冷寅东出面，同田部参谋长汤万宇往返商榷，将寇部枪支交还田部了事。但由此，田颂尧对刘文辉可就耿耿于怀了。

此事不但未了，孰知还节外生枝，麻烦丛生起来。刘、田之间的矛盾，让刘文辉的另一个保定系同学余安民看得一清二楚。

这余安民系四川崇庆县人。他在保定军校毕业返川后，未能混上一官半职。他也曾向老同学刘文辉求过职。但刘文辉认为此人系纨绔子弟出身，不学无术，因此，余就未能如愿。在百无聊赖之下，余安民只好在温江开了个酱油作坊，生产温江白酱油，自产自销，聊以度日。一次，在成都的同学聚会上，此时正春风得意的刘文辉，便对余安民信口讥笑道：

"安民兄，你咋个不在温江守你的酱油摊摊，跑到这同学会上来凑什么热闹？"

在大庭广众之间，如此取笑别人，揭别人之短，的确使当事者余安民十分难堪，那简直是羞愧得无地自容了！于是，只好红着脸在心里骂道：

"刘老幺，你给老子就走着瞧吧！"

这个余安民其时虽无一官半职，但脑筋十分聪明，对其时川内军阀各派斗争形势了如指掌，对事态的发展洞若观火。他情知现时二刘之间矛盾日益加深，而保定系的刘、邓、田又出现了新的裂痕。刘文辉拖走了田颂尧的王思忠、寇博渊两部，使田对刘更加怀恨在心。看准了这一局势之后，余安民想，若能从中使法，促成刘湘与邓锡侯、田颂尧的联合，让他们联合起来，一齐反对刘文辉，那么，他刘老幺可就要吃不完兜着走了！想到此，余安民就一脸奸笑地暗道："哼，老子略施以计，让刘（湘）、邓（锡侯）、田（颂尧）他们仨联合起来收拾你，到时候，你刘文辉可就有好戏看啰！"

于是，余安民当即到老同窗邓锡侯和田颂尧处抖搂了刘文辉的诸多不是，并向邓锡侯告密说：其部属陈书良、王学姜、刘万抚等原刘文辉同学，已经或正在受到刘文辉金钱和官位的诱惑，不久将率部投刘！邓锡侯鉴于前不久，已有彭诚孚、邓国璋被刘文辉挖了墙脚，这会儿又听到了老同窗的密报，于是，对刘文辉的气就不打一处来："龟儿子刘文辉做事也太不厚道，我的部属被他挖走了一个又一个……"

就在邓锡侯对刘（文辉）之恨的火刚刚被点燃之时，唯恐天下不乱的余安民又马不停蹄地前往田颂尧老公馆放火道："光祥兄，他刘老幺一口气就拖走了你的王（思忠）、帅（国桢）、寇（博渊）三部，交涉还不退人，他刘老幺硬了喃！如此一来，你怕不到一年半载就要成光杆司令啰！"

"是呀，他刘老幺有钱有势，我田某人又能将他奈何哉？"

"光祥兄，这办法嘛，总是人想出来的撒。"余安民见火候已到，便揭开盖子道，"你先同晋康（作者注：邓锡侯的字）商量好，之后我再为你寻觅一位高人……"

"你是说让我先与晋康联系好后，再去重庆请刘湘出兵相助？"邓锡侯隐约感觉到什么。

"然也！"余安民一脸奸笑地颔首道。

事情就这样商定了。由邓锡侯和田颂尧各出资大洋1000元，作为余安民去重庆联络刘湘来去往返的活动经费。见钱眼开的余安民"点火"初见成效之后，更是信心百倍。次日黎明，他便乘车到成都北门，然后沿成渝公路去重庆找刘湘去了。

就在余安民赶到重庆之前，有件事也使刘湘对刘文辉大伤脑筋。事情的由来是这个样子的：刘文辉暗中用巨资收买刘湘部属两位师长，一位是范绍增，另一位是蓝文彬。以重金和高位对对方部属进行利诱，乃刘文辉所惯用之手段。此次，他向范、蓝二师长各送大洋20万元。范绍增得钱后左右为难。因为刘湘待他不薄，"义"字当头，为这点劳什子钱就把眼睛给打瞎了不成？于是，思索再三，他就主动去向刘湘投案自首。经刘湘批准，范绍增带上这20万元巨款，和姨太到上海十里洋场风光去了。

再说，另一个"同案犯"蓝文彬可就没有那么幸运了。由于他经不住诱惑，经刘湘拘押后仍不吐实，便被刘湘关押起来。直到1937年（民国二十六年）抗战爆发后，刘湘才将他释放，让其在抗战战场上"戴罪立功"，不过，这是后话。

刘文彩火上加油

1931年（民国二十年）7月，余安民在重庆向刘湘转告了邓锡侯、田颂尧欲联合他一同进攻刘文辉之事。之前刘湘参谋长钟体乾、秘书长杜少棠曾主张二刘合作，反对战斗。钟体乾向刘湘进言说："督办，你与刘主席（文辉）实力现已超过全川三分之二。你俩联合，压倒一切，发号施令，谁敢不听？"

"是呀，今后到适当时机，督办你可以向湖南、湖北发展，刘主席可以向云贵发展；这样一来，你们既可以遂其问鼎中原之愿，亦可减轻四川战祸，真是一举两得，又何乐而不为呢？"

殊不知余安民的到来，在刘湘面前一通煽风点火："督办，据在下所知，你待刘自乾不薄，屡次提携，多有援助，但他还是恩将仇报，不断用重金、高位挖你的墙脚。对此忘恩负义之徒，不打他还打谁？"

刘湘一听，想起了昨天亲自提审蓝文彬，而蓝却三缄其口，拒不供出刘文辉的情景，心中气不打一处来；这会儿经余安民一提起，他

33

就更迁怒于刘文辉了。此时，又听见余安民道：

"再说，目前成都邓锡侯、田颂尧已饱受刘文辉欺压和挖墙脚之苦，十分仇恨刘文辉了。可见，保定系同盟已全面告破。现在不打，更待何时？"

余安民那三寸不烂之舌一翻动，刘湘双目已露杀机。见火候将到，余安民又添油加醋地道：

"督办，目前成都方面二十八、二十九两军已达成共识。此次就是受邓、田两军长之托，要在下前来渝禀报联络督办之二十一军，以商三军共图二十四军之大计！"

"余安民，此事非同小可，就容我三思而行吧。"刘湘告诉余安民，"那你就暂住渝听我的回音吧。"

其实，这是刘湘的缓兵之计。他之所以未能当即对余表示态度，就是一要"三思"，二要再征求部属意见。刘湘当即派王师长赴三台会田颂尧。不日，王即回话说：余安民之言属实，确有联邓（锡侯）、刘（湘）攻刘文辉之意。

田颂尧为了反对刘文辉，密派师长曾南夫、李蕴鼎来渝与刘湘洽商。这样，刘、田合作便有了进一步的发展。同时，还拟定了《四川民、财、政纲要》及组织战地委员会等方案，双方均确认签字。再者，刘湘又派手下赴成都与邓锡侯洽商刘、邓、田三军联合图刘（文辉）有关事宜。至此，三军便结成了反刘（文辉）同盟。

正在此节骨眼儿上，刘湘下属忽又来报：最近重庆出现了米荒，重庆市民拿着钱却买不到米！刘湘忙派人调查，却原是二十一军运往重庆的米船装载约500石大米行至江津时，被二十四军的张清平师给扣留了，致使重庆军民粮食来源短缺，因此造成米荒。这么一来，本来就十分紧张的"二刘"关系，可就更火上加油了！

数日后，余安民如约前往二十一军听刘湘的回话。刚迈进办公室，即听到刘湘正在同他的部属王陵基通电话："哦，方舟老师，自乾4艘货轮的军火已经运抵夔门了吗？该怎么办？你请示办法，这还用问吗？！全部扣下！"余安民一听，心想，这通话内容，就是刘湘对他的最佳回音：组织联军抗刘（文辉）之事已成！

因为军火未过夔门，刘文辉心急如焚。他给刘湘连发数次电报查询，但均未接到过对方的答复。无奈之下，刘文辉只好亲自赴渝会见刘湘。但刘湘态度总是相当冷淡。一谈及军火放行之事，刘湘即道：

"幺爸，此事难办。因为我已经给方舟老师连打几次电话了，他都迟迟不予放行。夔门是他的防区，我又有啥子办法呢？"

"甫侄，你这样推诿可就欠妥了，"刘文辉据理力争，"可王陵基他也是你的部属呀……"

"唉，幺爸，你只知其一，不知其二，"刘湘辩解道，"可方舟他还是我在速成学堂求学时的老师呢；加之，现在尾大不掉，我也实在是心有余而力不足呀！"

刘文辉情知刘湘在同他虚与委蛇。他蓄意要扣留军火，再苦苦相求，即便是说烂了三寸之舌，也是白搭。几天后，交涉军火放行之事仍无解而终，刘文辉只好怏怏不快地返回成都。

一回到成都，即碰见刚从老家安仁古镇返回叙府的五哥刘文彩，途经成都时，正在方正街公馆等他。兄弟俩谈起此次去重庆交涉军火放行未果、刘湘蓄意扣留之事，刘文彩一听，立即气急败坏地道：

"勋娃子如此霸道，老幺呀，你就能咽下这口气吗？"

"咽不下又有啥子办法嘛？"

"你不是刚从安仁老家来吗，为啥子又要急匆匆地往回转呢？"

"老幺，这，你就不用管了！"刘文彩眼里充满着杀机道。

半个月后，在重庆朝天门码头，刘湘部属手枪大队长刘树成会见了据说是从上海贩运洋货回川的大邑安仁镇老乡杨德寿、郑松林等人。他们一见面就亲切地拉起了家常来。据杨德寿说，他们此次途经重庆，还要采购一批货物，但因货轮未到，就要在重庆等上几天。说着，便掏出10000元大洋的银票来递与刘树成："树成兄，这点小意思，就权当兄弟几个在贵处打搅的用度了，尚望笑纳！"

"家乡人嘛，何必来这么一套呢！"刘树成先是不收，后来熬不过几位老乡的软拖硬磨，这才不得不收下了。于是，就将他们一行几人一并安置在刘湘位于重庆李子坝公馆的后院内。这几个人进院后，趁刘树成不在时，就在刘公馆后花园里踩点。他们有的藏于假山背后，有的匿于树荫之中，伺机动手。但就这样藏了几天后，他们更无机会下手，甚至连出来去厕所、吃东西也不成——因为后院里戒备森严，四处都是卫兵，昼夜巡逻。一天，其中有个人因饥饿难忍，竟然饿昏后从树上栽了下来，当即被刘湘卫兵逮了个正着！此人正是组长杨德寿。在严刑之下，杨德寿不但供出了其余两名同伙，还供认不讳道：

"我们来自大邑安仁镇，是刘总办（刘文彩）密派我们来重庆暗杀刘督办的。但此事与刘树成大队长无关……"

事到如今，一直被蒙在鼓里的刘树成这才如梦初醒。他知道此事的原委后，立即向刘湘禀报："军座，人，是我放他们进公馆的。因此，我有不可推卸的责任，特请军法制裁！"

"此事你并不知底细，又怎么能怪罪于你呢？"刘湘宽慰道："今后，多加警惕，小心提防就是。"

"那把杨德寿、郑松林等3个家伙通通拉出去毙了吧！"刘树成建议说。

"不可。我刘湘至今毫发未损，怎么就要杀人呢？再说了，此事与刘文辉无关。是刘文彩打的烂条，现在你就派人把他们几个送回老家安仁镇交与刘文彩吧！"刘湘大度地道。

这几个人被带回安仁交给刘文彩后，刘文彩自觉脸上无光。此事传到刘文辉耳里，刘文辉愤怒地道："五哥这是帮了我的倒忙，我若知晓，定然要阻止他行'黄事'。这下好了，这么一来，不但于事无补，还无异于火上加油，加宽了我与刘湘之间的裂痕……"

后来，通过大哥刘文渊出面向刘湘赔不是，说："我家老五是个愚人，干愚事，尚望贤侄多多海涵。"此事才不了了之。但由于一方扣留了军火，一方派出刺客，使二刘之间矛盾不断激化、升级，这么一来二去，叔侄俩之间裂痕就更加深了！以上这些，都成了叔侄之战的导火线。

综上所述，为争霸权各不相让，叔侄之间大开战内因业已形成，再加上诸种外因一诱导，就终于导致了"叔侄之战"的总爆发，成为四川军阀混战以来规模最大、也是最后一次战争。

第四章　荣威之战陷困境

刘湘联军开战端

"叔侄之战"前，刘湘拥有6个师、21个旅、3个独立旅、2个独立团和机关枪、海、陆、空部队计数12万人枪，防区21个县。刘文辉则掌握有6个师、27个旅及炮兵、工兵、特科、警卫、宁属屯殖及叙南清乡等六部队，亦12万人枪，防区70余个县。可见，当时刘湘与刘文辉旗鼓相当，势均力敌。你有熊兵我有猛将，彼此互不相让，双方磨刀霍霍，大战即在眼前。

其时，川中众军阀由于方方面面诸种原因，多结怨于刘文辉而愿意集结于刘湘麾下向刘文辉开战。因此，此次"叔侄之战"处主导地位的乃是刘湘；刘文辉因孤立而处于被动地位。

1932年（民国二十一年）10月1日，驻武胜的罗泽洲新23师，首先进攻刘文辉顺庆（今南充市）防区，打响了川战第一枪。刘湘佯装"中立"，电告蒋介石"毋仍扩大战火"。10月12日，刘湘方面的诸多将领（包括各盟军）如唐式遵、孙震、李家钰、罗泽洲等94名川军将领联名通电，请刘（湘）、邓（锡侯）、田（颂尧）出面制止战争。

刘文辉为了缓和局势，派人专赴大邑安仁老家请来了长兄、族长、德高望重的刘文渊赴渝至刘湘处为其说情，但无功而返。刘文辉即于10月13日，发出《谴责刘湘阴谋进攻成都电》，大意如下：

近日道路传言，渝军将向成都攻击，而其主事者，乃吾侄湘也；被攻者，则为文辉。蒋总统专电责诘，度侄已鉴。党国艰危，民生凋敝，然侄之出于战者，何也？辉于吾侄，幼同门户，长同戎行，纤芥无嫌，耘锄无隙，自信无一负侄事，无一不可对侄之言。吾侄先使别人来攻，迫辉自卫，而佥递以入告。颠倒是非，假武装调解之名，掩主持战争之迹。

刘文辉又向中央电责刘湘（节录）：

湘鼓动战乱，密令罗部攻我顺庆之李渡。辉遵令步步退让，湘目无中央，穷兵黩武，故恳其速颁严令，责成刘湘，毋得借口兴戎，扩大战局。

10月23日，刘湘自幕后出，电责刘文辉"反复无常，好乱称兵"，"湘为弭兵计，唯有倾身悍患"，"简励师徒誓与我友军左右提携，全力制止（战乱）"。

次日，刘湘再通电（节录）：

今晨潼南、永川、江津及侵入职区内之二十四军，突向职等驻地分头进攻，官兵怒不可遏。为正当防卫计，不得已与之周旋。湘奉职无状，调解无方。该军既阻遂宁之会，复侵本部之防，一意孤行，擅用兵衅，惟有勉从军民之请，联合各军民众予以制裁，促其觉悟。特恐传闻失实，谨电奉闻，统希昭鉴。四川善后督办、第二十一军军长刘湘 叩敬。

1932年秋"叔侄之战"就此拉开序幕。同年10月末，刘湘联合军合力并进，进攻刘文辉。刘文辉因战线过长，穷于应付，退至沱江沿线，以资中、富顺、泸州、内江为据点，刘湘令各军穷追。田颂尧、杨森、罗泽洲于24日攻克顺庆；潘文华、王瓒绪于25日攻克江津、潼南；刘湘27日攻占永州；同日，杨森抵安岳；11月1日，邓锡侯攻下崇庆，11月中旬，刘湘集海、陆、空三军猛攻泸州，22日攻克；12月4日，刘湘又攻占自流井。

自1932年12月10日起，刘文辉与刘湘大战于荣县、威远，史

右起：刘文辉、杨森、邓锡侯合影

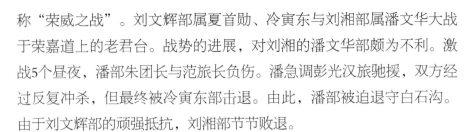

称"荣威之战"。刘文辉部属夏首勋、冷寅东与刘湘部属潘文华大战于荣嘉道上的老君台。战势的进展，对刘湘的潘文华部颇为不利。激战5个昼夜，潘部朱团长与范旅长负伤。潘急调彭光汉旅驰援，双方经过反复冲杀，但最终被冷寅东部击退。由此，潘部被迫退守白石沟。由于刘文辉部的顽强抵抗，刘湘部节节败退。

此时，刘湘见战局已不利，拟派与刘文辉有交情的秘书长杜少棠持刘湘亲笔信到眉山向刘文辉求和停战。但其后战势急转突变，刘文辉逐渐处于不利局面。原因有二：

原因之一：当时两军对峙之下，刘湘已无力击败刘文辉，而且一旁的邓锡侯、田颂尧等军阀，都在那里坐山观虎斗，以坐收渔利。这时，刘湘想借助于邓锡侯的一臂之力来挫败刘文辉，于是拟电报给邓锡侯，文中道：

"两军对峙，澄（作者注：指刘湘，字甫澄）部伤亡惨重，已无力支撑，望早出兵相助。不则，为时已晚矣！"

邓锡侯接电文后，立即向刘文辉发起攻击。如此一来，刘文辉部处于四面受敌的重重包围之中！

原因之二：在荣威之战中，刘文辉部属陈万仞旅在仁寿县北斗镇突然向刘湘倒戈，这大大地出乎刘文辉意料，然个中确有缘由。原来，陈万仞早年在速成学堂任教时，系刘湘之师。尔后，陈不愿参加内战，乃率部离开战场。临行前，将刘湘、刘文辉二人皆骂了一通，说叔侄俩交战"皆非也！"为此，刘湘曾特赴内江问陈万仞：

"请问吾师：你何以称我与自乾交战'皆非也'？"

"我不那么说，焉有师降弟子之理？"

"那依吾师之见，将何如哉？"刘湘问道。

"吾不便讲，你这就看着办吧！"

"那你就任暂编二师师长可好？"刘湘又问道。

"何为'暂编'？"

"暂编者，收编刘文辉之部也。"刘湘答道。

"此名义有辱我也，不受！"

"那你就任第五师师长吧！"

"此庶几可矣！"

就这样，刘湘破例让收编者陈万仞任正编师师长，也算是刘湘尊师之举吧。尔后，陈万仞随刘湘出川抗战，提升为第二十一军军长，继升第二十三集团副总司令。陈云："甫澄大义也，师道尊严，且有客人之道。"不过，这是后话。

判断失误错战机

刘文辉在"荣威之战"中受到上述双重打击，战局有急转直下之趋，精神即将濒于崩溃。其实，在老君台战役中，由于挚友冷寅东亲自率部参战，已给刘湘潘文华部毁灭性的打击，刘湘此时实在是难以支撑了。即便是有上述两重原因，亦很难扭转刘湘的败局！这就是说，只要刘文辉能作最后的坚持，那么叔侄大战之最后的胜利者，定然是非刘文辉莫属了。对此，冷寅东是洞若观火，而且为之拼命争取的。然而，遗憾的是，由于刘文辉指挥上的极大失误，错失了获胜良机！

刘文辉错误的指挥缘于对战局错误的认识。此时，刘文辉急电冷寅东速向刘湘求和停战。12月26日晚，冷寅东接到刘文辉电，要他以本人名义致函刘湘，以"两军久战，徒劳民众"为由，建议"双方停战，藉舒民困"。

"军座，我部已胜利在握，万不可求和而功亏一篑，自乾，你要三思啊！"

"不，熏南，快去议和停战吧，这是命令！"刘文辉仍坚持下令道。

在刘文辉毫无通融余地的强硬命令下，冷寅东不得已与刘湘派来的秘书长、全权代表杜少棠共同在停战协议上签了字。是夜，杜少棠在密室里对冷寅东道：

"熏南，吾受甫澄军座之托，转告你一件军机要事。"

"系何要事？"

"因刘自乾积怨于众军阀而不宜统率全军，故甫公的意思是……"

"甫公旨意如何？"

"请你出山作二十四军军长，将刘自乾取而……"

"此事万万不可！"杜少棠话未说完，冷寅东连摆摆手，断然拒绝，"甫公把熏南看成什么人了？为人'义'字当先，吾绝不背此千古骂名！"

"熏南言重了！"杜少棠见冷寅东执意不肯，于是只好道，"尔人品令吾肃然起敬！甫公之言就当吾未曾转告吧！"

停战协议的签订，使冷寅东在长时间内对刘文辉耿耿于怀。是的，若刘文辉不被表象所迷惑，而采纳了冷寅东之谏言，坚持一鼓作气地抗击刘湘的话，也许叔侄之战的结局将会改变——最后败北者可能就是刘湘了！

然而，历史容不得"也许"，事实就是事实。正因为刘文辉未能最后坚持，即与胜利擦肩而过。当杜少棠将双方签署的停战协议带回军部见刘湘时，这可使刘湘喜出望外。因此，他暗中对亲信潘文华说："人道刘自乾聪明绝顶，我看不过是傻蛋一个！现时求和，岂不白白丢了胜利？"

"荣威之战"后，刘文辉回师成都。成都之东南为刘文辉所占，西北则为邓锡侯所属。此时，刘文辉埋怨邓锡侯依附刘湘，趁己之危，发起突然袭击；加之自己地少兵多，难以为继，便暗中拟定以设宴为名扣留邓锡侯，然后收编其军队，并吞其防区。哪知此事不密，被邓锡侯探知了。于是，邓便离开成都，投奔新都，在毗河布防。刘文辉于5月8日向邓锡侯发起攻势，毗河之战就此爆发。

邓锡侯军扼江死守，甚至不惜放水，借水势阻止刘文辉部队过河。此时，刘文辉军内将领也认为同是保定系，又何必同室操戈？因此，除他的亲信余如海、石肇武等相助外，多不愿出力。直到6月下旬，刘文辉亦未能越过毗河。

此时，邓锡侯派人向刘湘告急，请予支援。刘湘此时正任四川

"剿总"，蒋介石令他对付川北红军，刘态度犹豫。但后来，他分析此时乃消灭刘文辉之良机。于是决定"先安川，后'剿共'"。刘湘一声令下，李家钰、罗泽洲、杨森各军纷纷西调。刘文辉意识到于己不利，故于6月25日向刘湘委曲求全，致电云（节录）：

> 公如对辉及本军尚有所指示，及如何使能免此不幸事件发生，如何使适合于将来统治之方案，拟请剀切赐示或面告少棠，辉矢以血诚，决为尽量之接受……

可见此时的刘文辉已自知敌不过刘湘，主动先行告饶，但刘湘仍不为所动。刘文辉遂于毗河转取守势，回过头来迎战刘湘。

兵败山倒退西康

7月4日，刘湘发动"安川战役"，其矛头直指刘文辉，在荣昌、威远、资中、简阳进行激战。刘文辉此时将有二心、士无斗志，真是四面楚歌。他自知无望取胜，遂于7月7日放弃成都，命所部向新津、眉山、乐山之岷江右岸转移，死守自灌县至乐山400余里之岷江江岸。此时的刘文辉尚拥有80个团，但8月1日发起的反攻被刘湘迅速击溃，人员又损失不少。13日，刘湘下令各军分道进攻，至15日，各军先后渡过岷江，占领乐山、眉山、新津等县。刘文辉率部退保雅安。10万之众，土崩瓦解。

在溃败中，刘文辉部陈鸿文师长、石肇武旅长8月17日被刘湘部属李家钰在邛崃所擒，根据愤怒民众的呼声，向刘湘请示办法。8月26日，刘湘复电称（节录）：

> 陈鸿文被擒已解送省城，仍住私宅，湘即派人妥为保护。唯石肇武被擒，邛民环请就地正法；省民则请解省追赃没收后，再行正法。首级已于昨日送省，悬少城公园示众三日。石为自乾义子，自乾频年纵容，石之为患，众怨所归，不能不执法以绳……

1933年（民国二十二年）8月31日，刘文辉败退西康雅安。但他不敢进城，仅在雅河畔搭一帐篷聊以栖身。是夜，他在随从护卫下，刚躺在铺上，意欲小憩一会儿，哪知驻守在雅河对面的28军杨荣向部突

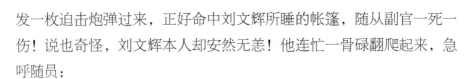

发一枚迫击炮弹过来，正好命中刘文辉所睡的帐篷，随从副官一死一伤！说也奇怪，刘文辉本人却安然无恙！他连忙一骨碌翻爬起来，急呼随员：

"雅安不可久留，我等须连夜撤退！"

"敢问军座往何处撤？"

"就向荥经方面撤去吧！"

途中，刘文辉把管后勤的副官陈耀伦叫到跟前，问道："老陈，现在我们还有多少钱财？"

"报告军座，"陈副官摊开随身携带的账本答道，"现在除了几根小沙金条外，就几乎一无所有了！"

"啊，几根小沙金条，这可是救命钱哪！"刘文辉在滑竿上叮咛道，"就放在你身边吧，千万挪用不得啊！"

到了荥经，陈耀伦欲尽地主之谊，宴请军座刘文辉。刘文辉到陈家堂屋入座，抬头猛见陈氏堂上高悬一道匾额，上书"自公退食"四个大字。这时，草木皆兵的刘文辉自认为"犯讳"，于是，不敢再驻足荥经，连午饭也顾不上吃，就即刻命令部属：

"快快往汉源撤退！"

就在刘湘将刘文辉赶到荥经、汉源，几乎使刘文辉陷入绝境而一度打算流亡国外时，蒋介石电令刘湘"结束安川战役，速回师'剿共'"！刘湘对刘文辉也无心恋战。再者，在"叔侄之战"中，川军邓锡侯、田颂尧等军阀势力又有所崛起。刘湘想，倒不如手下留情，让刘文辉留下来也好牵制他们。再者，刘湘很讲究"孝悌"之道，此时，也不能不考虑到他与刘文辉之间，毕竟是亲族叔侄关系，用刘文渊的话说，就是："一笔难写两个'刘'字，还是别把事情做绝了！"否则，是会遭到社会舆论谴责的。这么一想，刘湘犹豫了。就亲属层面考虑，刘湘拜访了他过去在陆军弁目队和速成学堂的老师钟体乾。钟老先生告诫刘湘道：

"甫澄啊，你对你幺叔该适可而止了，而不应过甚啊！"

"钟老，我对幺叔其实并无消灭之意，不过予以惩罚，削弱而已嘛，"刘湘向钟体乾表白道，"幺叔长于政治，我长于军事，也许哪天我们还要合作呢！"

"这就好。古人云：'本是同根生，相煎何太急'！"钟体乾再次对刘湘晓以大义："甫澄啊，可别忘了，你和自乾都来自'仁者安仁'那履中蹈和之地啊！"

为了同刘文辉重修旧好，刘湘大度地首先向幺爸示好。他对刘文辉的部属冷寅东说："过去打仗我是想压一压他的气焰。现在他败退了，我的气也消了，我们叔侄还是叔侄。我还要让他保留部分军队，以待哪天建省后由他任省主席呢！"

冷寅东一听，赶紧进言道："甫公宽宏大度之心，令熏南不胜钦佩！你的安川军已占领雅安。刘公已退至汉源，他此刻精疲力竭，甫公是否可退出雅安，让他回来吧！"

刘湘采纳冷氏谏言，说道："好吧，就凭熏南一句话，我认了。"刘湘顺水推舟，"我即令安川军全线撤退，让出雅安，叫他回来吧！"

刘湘不仅令部属撤出雅安，让刘文辉返回，而且还拨给他军装万套，大洋10万元，以解其难。通过冷寅东的疏通，刘文辉颇为自责，主动向堂侄刘湘致电认错，表示愿意拥护刘湘统一四川。1933年9月6日，刘湘与刘文辉联名通电：

担任西康省主席的刘文辉

"双方停止一切敌对行动！"

至此，"叔侄之战"全面结束。刘文辉在此次战争中彻底失败，退守西康，成了他人生道路上的一大转折。

第五章　中共指引明方向

统战感召树信念

　　正当刘文辉一筹莫展，身处窘迫之时，刘湘就此罢手，结束了战争。四川军阀在长期的混战中似也形成了独特的游戏规则——胜者对于败者往往不是斩尽杀绝，只要对方俯首称败，一般都准予保留一定实力。"二刘之战"后，刘湘给刘文辉一条生路。赓即，刘湘率领部队退出雅安，让刘文辉率残部进驻雅安。刘文辉经此挫折，一度意志消沉。之后，他反思良久，痛定思痛，意欲振作。他首先着手西康建省，多方斡旋，四处活动，终于在1939年（民国二十八年）元月正式建立了西康省，省会设于康定，刘文辉任西康省政府主席。西康省地处偏僻，全系高原，位于西藏与四川之间，有康属、雅属、宁属三个

西康地图（来源：网络）

区域，面积53.5万平方公里。

刘文辉主政西康期间，励精图治，大大地下了一番工夫。由于不能向外发展，刘文辉埋首地方建设，闷声发展，制定了很多有利于西康长远发展的政策。他提出要"化边地为腹地"，争取在短期内使西康达到内地各省的水平，更好地承担抗日大后方的重任。这位骑马打天下的军人开始了开会办公的政治生涯：尊重藏、彝民族民风民俗，与藏、彝头人结交；在内部整顿吏治，大力发展教育；兴修水利，重视农业，改革工商业，经过十余年的努力，取得了显著成效。

这期间，刘文辉接触到了中国共产党，在中国共产党的统一战线政策的感召之下，逐步觉醒起来，走上了抗日反蒋的人生新阶段。

抗战初期，为了团结地方实力派，中共中央于1938年（民国二十七年）6月，在延安杨家岭窑洞里商议了要充分利用去汉口参加国民参政会的时机，抓紧在全国范围内贯彻执行党的抗日民族统一战线的有关方针和政策。毛泽东指出：

"目前，国内的主要危险是投降主义逆流在国民党高层的泛滥。因此，我们的统战工作重点，就是要动员全国民众，尤其是地方实力派坚持抗日战争，反对蒋介石的妥协投降。比如云贵的龙云、王家烈以及刚入西康不久的刘文辉……"

"是的，要让大家树立抗战必胜信念，就首先必须反对蒋介石的妥协投降！"周恩来进一步分析说，"比如前不久，国民政府批准西康建省委员会成立，任命刘文辉为西康建省委员会委员长，蒋介石的目的，就是为了笼络刘文辉。"

"刘文辉前几年两度反蒋，此人颇有胆略和气魄。但目前他僻居西康，正需要我们拉他一把，"毛泽东点燃一支香烟，继续说，"因此，他具备了作为我们党统战对象的先决条件。"

带着毛泽东和周恩来的嘱托，1938年7月初，中共中央出席国民参政会的代表董必武、林伯渠等同志由陕北去汉口，取道成都，在刘文辉方正街公馆，秘密地进行了第一次正式接触。参谋长杨家帧将客人领进客厅时，刘文辉早已等候其间，一见面，他就忙站起身来抱拳问好：

"必武、伯渠列位远道而来，有失远迎，旨在避免耳目，尚望诸位多多海涵！"

"自乾兄不必客气！"董必武入座后道，"这大热天的，我们的到来，给府上平添麻烦了！"

"蓬荜生辉，"刘文辉热情地笑道，"又安敢谈及麻烦？"

刘文辉屏退左右后，双方直奔实质性话题，还是董必武先发言："抗战刚刚拉开序幕，蒋氏在庐山发表讲话时，拍胸口保证要'抗战到底'。然而，曾几何时，日寇就通过德国驻华大使向蒋介石诱降，现在又和谈之声不绝于耳。照此下去，我国民族危亡将难以拯救呀！对于这些情况，想必自乾兄亦已知晓？"

"略知一二，"刘文辉谦逊地道，"蒋介石其人出尔反尔，说话是靠不住的，现在抗战前途难卜呀！"

"现在抗战形势确实险恶，"林伯渠道，"但只要我们全国民众团结起来反对蒋介石的妥协投降，坚持抗战，那么，我们就能夺取抗战的最后胜利！"

"坚持抗战，就要看贵党了！"刘文辉说。

"不仅是我党，凡是炎黄子孙，我们都有抗战之责，"董必武说，"我党不过是首先提出抗日救国方针和抗日民主统一战线政策。至于具体实施，还得要靠刘将军这样的地方实力派啊！"

"前几年我已一败涂地，又安敢言'实力'乎？"

"不，刘将军此言差矣！"董必武鼓励道，"实力蕴含于民众之中。这几年你依靠西康民众，为他们多办实事，你的实力不是正在恢复元气吗？再说，还有我们的支持呢！"

"是呀，我们今天来访贵处，就是要同刘将军交朋友，"林伯渠说，"以便日后在坚持抗战、反对投降方面一道前进！"

"同贵党交朋友，自乾我求之不得！"刘文辉诚挚地道。

是夜，刘文辉热情地设宴款待远道而来的中共客人，宾主双方又进行了长时间的促膝谈心，从而增进了双方的了解，为刘文辉今后走向人民阵营，形成了一个良好的开端。

客人离去后，刘文辉心情久久不能平静。他想，自己目前偏处西康一隅，似乎早已成为被遗忘的角落。未曾想到，这几位中共友人还在惦记着他，而且不远万里来到此处，给他以生存下去及反蒋抗日的勇气和力量。想到此，刘文辉情不自禁地道：

"实在难为中共了——我的朋友！"

随后，刘文辉认真阅读了董必武、林伯渠为他带来的几份文件。其中有中共中央的《八一宣言》《中国共产党为公布国共合作宣言》，毛泽东的《目前形势和我们的任务》以及《论持久战》等重要文献。尤其是对毛泽东在前不久召开的延安抗日战争研究会上，所作的长篇报告《论持久战》。这份由毛泽东亲自签名赠予他的文献非常珍贵，刘文辉小心翼翼地将它留在深夜研读。其原因有二：一是白天公务繁忙，干扰甚多；二是为了避免耳目，秘密阅读。刘文辉在这篇文章上密圈密点、精批细注，页面的天头地脚都填满了他的蝇头小楷。

在这篇光辉文献里，毛泽东全面分析了中日战争所处的时代及其敌我双方基本特点，从而得出"最后胜利是属于中国的"及"但战争又是持久的"的正确结论。毛泽东高瞻远瞩的战略家眼光，预见了中国持久战的三个阶段：即战略防御阶段、战略相持阶段和战略反攻阶段；并驳斥了国民党高层的"七国论"和轻率的"速胜论"以及轻视游击战争等错误思想，从而阐明了抗战的方针以及民众战争的战略思想。

读了毛泽东的《论持久战》，刘文辉思想上彻底清除了前段时间蒋介石等所散播的对日妥协和投降主义等思想影响，坚定了抗战必胜的信念；同时，拿这篇文章作指导，也坚定了他走反蒋道路的决心以及取得

毛泽东给《论持久战》题词（来源：网络）

胜利的信念。

继后，日本帝国主义对蒋介石采取软硬兼施的两手策略。一方面，承认蒋政权的合法性；另一方面，又对蒋政权实行恫吓政策。1939年5月3日至4日，日军派出飞机60架次，连续对国民政府的陪都重庆实施狂轰滥炸，轰炸的目标重点是事前通过汉奸与日本间谍侦探到的国民党达官贵人们的寓所。其中，也包括了蒋介石在重庆的黄山官邸。这次轰炸非常猛烈，共炸死10000余人，炸毁房屋23000余间，损失达8500余万元。若不是宋美龄催促再三，后来强行将蒋介石拖入防空洞的话，可能就连蒋本人也难以幸免！

轰炸过后，陪都政界人心惶惶。蒋介石连忙下令中央机关各部、局（委）赶快疏散至下乡！日军对蒋介石实施硬的一手，确实立竿见影了，高层的"亡国论"派又重新抬起头来。据二十四军驻京代表冷融向刘文辉密报说：宋子文、孔祥熙就在5月4日当晚，连夜找蒋介石谋求对策，提议请德国驻华大使陶德曼为之牵线搭桥，继续与日本妥协议和。

为统战再度磋商

在这种情况下，中共中央为了进一步开展抗日民族统一战线工作，努力争取地方实力派，于1939年7月，毛泽东、周恩来再次派遣董必武、林伯渠在重庆曾家岩潘文华公馆，第二次会晤了刘文辉。

刚刚入座，主人潘文华就热情地向客介绍起来："来，自乾兄，我为你们介绍，这是中共方面代表必武和伯渠二位先生……"

"仲三（作者注：潘文华的字）兄，你这是马后炮了，"这时，刘文辉同董必武、林伯渠拱手笑道，"其实，我们早已认识。"

"啊，原来如此！"潘文华向双方客人进茶道。

"二位果不食言，"刘文辉道，"上次会晤，使我得益匪浅。今天再次远道而来，尚望多多赐教！"

"刘将军言重了，'赐教'不敢当！"董必武忙摆摆手说，"我们这次来只不过是想就目前抗战局势与刘将军一起探讨罢了。不知刘将军对目前形势有何看法？"

"重庆大轰炸搞得人心惶惶，"刘文辉皱着眉头说，"和谈妥协复抬头，据说当局也动摇了。"

"蒋介石对抗战从来没有坚定过，又何况是现在呢？而且，此人在抗战战略上，一贯出馊主意，比如在黄河花园口决堤，水淹日军。结果日军没淹着，反淹得数以百万计的中国老百姓无家可归；又比如实行'焦土政策'，火烧长沙城，结果被烧的还是长沙老百姓！"林伯渠一一点名批评着蒋介石抗战以来的所作所为。

"我们应该清醒地看到的是，"董必武以事实为依据分析说，"共产党所领导的八路军两年来坚持对日作战，成绩有目共睹。我们在娘子关、平型关和冀中平原以及太行山区都获得了一个又一个的重大胜利！"董必武对共产党所领导的军队战况，如数家珍地娓娓道来，刘文辉则津津有味地聆听着，然后道：

"是的。贵党贵军在抗日战场上所取得的胜利，全国军民都是有目共睹的！"

"再看国民党军队的正面战场，战绩也是十分可观的。"董必武喝了口茶，又继续讲道，"刘将军，你在川康方面的战友，在南京京畿拱卫战，在太湖、泗安、广德之战中阵亡的饶国华师长、负伤不下火线的郭勋祺师长、誓与滕县共存亡的王铭章师长以及与日军决一死战的张自忠将军……他们都是深受我党中央毛泽东主席所赞扬的抗日爱国将领。他们用自己的壮烈牺牲证明，英勇的中国人民决不会让中国灭亡的；非但不会亡，而且有足够的力量、信心把日寇赶出中国去，从而取得抗战的最后胜利！"

董必武有理有据的一席话，勾起了刘文辉思绪万千。董适才间所提到的国民党将领名字，他是再熟悉不过了！

饶国华、郭勋祺、王铭章等当年刘湘联军的将领，在"叔侄之战"中同自己作过对，但那些打的是什么仗？是内战！除了平添老百姓之苦以外，还有什么意义可言？当然，我也有一份不可推卸的责任。但在对日作战中，正是这些人以民族大义为先，冲杀在抗战第一线，直至牺牲了自己的生命……这些人和事，让我这个至今尚且苟活着的人感到十分愧疚！于是，刘文辉禁不住道：

"他们这些将领，我是再熟悉不过的。他们是我的楷模，我也多么想领兵上前线与日寇决一死战啊，怎奈……"

目睹到刘文辉说到此的一脸悲怆状，潘文华安慰道："自乾兄，你目前主政西康边区，乃祖国抗战之大后方，这同样是为抗战出力嘛！又何必自卑呢？"

"潘将军说的是，"林伯渠同意说，"只要刘将军能在全国抗日先驱者身上汲取精神力量，坚定抗战胜利之信念，那我们今天也不虚此行了！"

"二位先生，自乾我一定追随贵党的抗日救国方针和统一战线政策！"刘文辉诚挚地表态道。

"是的，刘将军，应该振奋起来，坚定抗战必胜之信念。"董必武笑道，"欣闻刘将军在西康刚建省上任之初，即雷厉风行地革新吏治，整顿作风，以卧薪尝胆之精神励精图治，真是新官上任三把火啊，实乃可喜可贺呀！"

"哪里，哪里，"刘文辉恭谦地道，"西康建省伊始，百废待举，不妥之处，尚望贵党多加指正呢！"

"'指正'谈不上，"林伯渠笑道，"为抗日大计，我们来登门拜访！"

"我们知道刘主席有关心时事和阅读的良好习惯，"临别时，董必武打开提包，取出一摞文件、书籍和报刊来，交与刘文辉，"刘将军，这是特意为您带来的！"

"多谢！多谢！"刘文辉接过文件、书刊来，感谢道。

见客人就要出门了，刘文辉追上前去，伸手招呼道："二位先生请留步！"

董、林二人回过头来，望着刘文辉："刘将军还有何事？"

"那都是过去的事了……"刘文辉似乎难以启齿，但后来到底还是鼓起勇气说了，"过去，我曾参与了蒋介石所谓的'围追堵截'红军北上之战，现在心里还十分内疚。请二位回延安后定向贵党中央毛泽东主席和周恩来副主席致以歉意，就说刘文辉在过去多有得罪，而现在贵党却不计前嫌，主动来访，说明贵党胸怀宽阔，着实使人可钦可佩……"

"哈哈哈！"刘文辉话音未落，董必武倒开怀畅笑了，"我还以为是什么事呢。那些事情既然都已过去，而且我党当时就知你不是真心同我们红军作对，不过是为了应付蒋某人罢了，这又何足道哉？"

刘文辉这才如释重负地在潘文华的招呼下往回走。

送走了中共代表之后，刘文辉返回西康，晚上又急不可耐地取出董必武送给他的文件、书刊，认真阅读起来。夜深人静，刘文辉斜倚床头，在灯光下读着、读着，他发现了蒋介石的身影。是的，中共严厉谴责和批判了像蒋介石那样挂羊头卖狗肉的假三民主义者。刘文辉想，这些文章简直就是一面照妖镜，使蒋介石原形毕露。刘文辉对蒋介石其人其事认识得更深更透；不，简直是洞若观火，入木三分了！

与蒋介石作斗争

蒋介石为了控制川康，施展种种伎俩整治刘文辉。刘文辉则在中共中央的统战政策感召下，与邓（锡侯）、潘（文华）紧密联合，通过参加多种方式的民主运动等，同蒋介石进行了一系列全方位、多角度、有组织的激烈的反控制斗争。

抗战爆发后，国民政府迁都重庆，蒋介石率部到四川安营扎寨。其时，蒋介石虽委以刘文辉西康省主席之要职，但对刘文辉依然并不信任。为了控制西康，监视刘文辉，1938年1月，他便提出由其心腹张群继任已故川省主席刘湘之职。刘文辉清楚地知道，四川与西康唇齿相依，丢掉了四川，西康也就岌岌可危了。为了保住四川这块地盘不被蒋介石吃掉，刘文辉联合邓锡侯、潘文华等四川政要，共同反对张群主川。蒋介石不得不任命王瓒绪为代川省主席，张群任四川省政府主席之职就此耽搁。对此，刘文辉初始未提出异议。同年5月，就在中共代表会晤刘文辉不久，刘文辉领衔，联合邓锡侯、潘文华以及云南省主席龙云等在成都商议了关于川、康、滇三省联合反蒋问题，并签署了秘密反蒋协定。

后来，王瓒绪在刘文辉面前耍花招，将所获悉的川、康、滇三省联盟反蒋协定内容密报蒋。蒋即不满刘文辉，并警告龙云"不得干预川康事"。但龙云还是坚守约言，未为所动。为了坚持反蒋，一方面，刘文辉暗中鼓励彭光汉、刘树成、周成虎等7位师长联名通电，历举王瓒绪十大罪状，要求蒋介石去其代省主席之

王瓒绪照（来源：网络）

职。蒋介石不得不"自兼"川省主席。另一方面，刘文辉决定同龙云进行单线联络。龙云为此特派他的总参议李雁宾到雅安同刘文辉秘密商讨具体合作事宜。

1939年2月，蒋介石又在西昌设立军事委员会委员长西昌行辕，任命亲信张笃伦为主任。刘文辉对此甚为警惕，他立即在西康建立"西康省宁属屯垦委员会"，自任委员长，与蒋氏的西昌行辕大唱对台戏。

由于刘文辉与龙云联系十分紧密，蒋介石更加怀恨在心。于是，就处心积虑地用个别击破的办法，企图打破其联盟，进而消灭其个人。而蒋介石这一算计，首先从龙云开始！那是抗战结束不久。1945年（民国三十四年）10月，刘文辉在雅安突然接到蒋介石从西昌邛海湖畔的西昌行辕打来的电话：

"自乾兄，我于今日已飞抵西昌。此处风景宜人，美不胜收，堪称人杰地灵，政通人和。真令中正不胜欣羡呀！"

"委座大驾光临，有失远迎，"刘文辉在电话里敷衍道，"既然要来，何不先预告卑职，也好迎接呀！"

"抗战方息，百废待举，大家都很忙，我看就不必做什么迎接了嘛。"

同蒋介石虚与委蛇一番之后，刘文辉放下话筒想：蒋介石为什么事前不打招呼，就突然来访西康，怕又要搞什么鬼名堂了吧？对此动向，当小心为佳！

果然，到10月3日深夜，中共情报联络员王少春前来告知："军座，适才间，我的电台收到了一条消息，蒋介石已命令杜聿明在昆明出动武装解决了龙云！"

啊，此时刘文辉方知这次蒋介石来康的企图：一是便于就近指挥杜聿明在昆明军事解决龙云；二是唯恐刘文辉对挚友盟军龙云进行声援，故在事前打个电话来，对刘文辉进行警告：

"自乾兄，此次我不整你，但今后你得当心着点！"

再回到抗战。1940年（民国二十九年）7月，川康经济建设委员会在重庆成立，蒋介石自兼委员长，实际工作由张群负责。当年冬，蒋介石辞去了兼任长达14个月之久的四川省主席一职，国民政府发布任命令，正式派张群为四川省政府主席。刘文辉终于默认了这个情况。这是因为有中共人士对他说过："同蒋氏作斗争，既要敢于斗争，也要善于斗争。这就是所谓的在斗争的同时，又要讲究策略……"

按照中共指点，刘文辉继续与蒋介石斗争着，有时激烈，但有时也有所缓冲。如对待此次张群上任，就是如此。同时，蒋介石插手西康，以笼络手段从刘文辉军政辖区中寻觅反刘派，如升任刘文辉部属刘元瑭（系刘文辉之侄，父亲刘文运是刘文辉的二哥）为陆军新十二军军长。蒋介石在二十四军内秘密发展军、中二统特务；同时，还创造发明一种"以大邑人监督大邑人"之伎俩，如任命西康省民政厅厅长冷融为国民政府蒙藏委员会常委，任命且司典为西昌行辕主任……而且，在这些大邑人上任之前，均一一被蒋介石召见，面授机宜。而刘文辉对此洞若观火。诚如他后来回忆说：

同蒋介石的斗争，大抗战时期进行得如此激烈，有时甚至到了一触即发和你死我活的地步。面临蒋介石强大的军政势力和发起一次又一次的猖狂进攻，所幸的是我已找到了一个赖以依靠的挚友和政治力量，这就是伟大的中国共产党！这样，我就更可以同蒋介石进行长期

55

的、曲折的、不屈不挠的种种斗争了！

在同蒋介石的控制和反控制的斗争中，中共领导人一再告诉刘文辉：团结就是力量！因此，团结西南地方实力派，就成了刘文辉进行反蒋斗争的关键，而四川尤数重中之重。因为四川乃西南政治文化经济中心，又是西康的门户；同时，也是刘文辉的出生和发展之地，在诸方面对于刘文辉均有极深的渊源，故他未敢一日忘川。

蒋介石来川后，四川的斗争就更加激烈、情况更加复杂了。根据长期的分析和观察，刘文辉认为，在四川的地方实力派中，邓锡侯和潘文华是应该而且很有可能联系合作的。尽管刘文辉同邓、潘之间，还有些政见不同和地方权力之争，但是，在欲求保住四川这块地盘和自己实力不致被蒋介石吃掉这一点上意见则是完全一致的。而这正是西南三巨头能够长期合作之基础。因此，自1938年刘湘去世后，蒋介石妄图入主四川以来，直到1949年（民国三十八年）末彭县起义，其间上演了一系列的反蒋斗争，而他们三人始终都紧紧联合在一起！

会晤周公终豁然

1942年（民国三十一年）2月，刘文辉通过民盟朋友张志和的牵线搭桥，同中共中央领导人周恩来在重庆进行了第一次会晤。周恩来向刘文辉分析了国内外政治形势，指出了坚持抗战救国、联合反蒋的道路，使刘文辉明确了政治方向，增加了前进的力量。从此，刘文辉与中共的关系，就进入了一个实际配合的新阶段。

这年春天，似乎来得特别迟缓，都立春好久了，山城重庆却还不见一丝暖意。长江边上江风一吹，重庆人深感春寒料峭。

一天晚上，子夜已过，地处重庆机房旁街的一家公馆门前，一辆黑色轿车戛然而止。一位身着军大氅、身材魁梧的人步下车来，在一位头戴呢子博士帽的人陪同下，悄然进入了公馆大门。长工将周围动静扫视一圈后，小心翼翼地将双扇大门关上。

来到客厅后，头戴呢子博士帽的公馆主人吴晋航（当时著名的银行家）首先指着沙发上坐的一位神采奕奕、浓眉大眼、身着西装的客人，热情地向刚进来的军官介绍道：

"自乾兄，这位便是中共领导人周恩来先生，"然后又指着后来者道，"周先生，这位便是刘文辉军长了！"

周恩来立即起立，热情地同刘文辉握手相见："刘将军，让你深夜动步了！"

"哪里，哪里，自乾迟来，让周先生久等了！"刘文辉激动迎上去，望着这位大名鼎鼎的中共领导人，百感交集……

"对刘将军目前的处境，我们是了解的，两年前，董必武同志就曾同我谈起过。正由此，我才约刘将军来吴公馆一叙。"周恩来开宗明义，为刘文辉指出了抗日救国之路，"中国的抗战是持久的，故必须坚定抗战必胜之信念。当前，全国民众的要求是：坚持抗日，反对投降；坚持团结，反对分裂；坚持进步，反对倒退。"周恩来说到此，伸出指头重点强调，"关键在于坚持民主，反对独裁！"

刘文辉聆听着周恩来的开导。这时，主人吴晋航端来了一炉冒着腾腾热气的毛肚火锅，笑道："来来来，二位稀客，边吃边谈。"

"我们清楚地知道，自'叔侄大战'后，刘将军偏居西康一隅，处境艰难，然而……"周恩来坦诚地向刘文辉敞开了自己的观点。此时，刘文辉却憋不住了。

"但蒋介石仍不放过，蓄意多方制造事端，找我的麻烦，硬想置我于死地。周先生，我是想抗日也使不出劲来哟！"刘文辉这位曾雄踞西南的大军阀，此刻竟显得十分难堪。

"劲，还是可以使出来的。这就需要同蒋介石斗。"周恩来指点道，"在反对蒋介石法西斯统治的斗争中，共产党愿意同国民党民主派合作；尤其希望西南地区的民主力量能同我们密切联系，具体配合。刘将军啊，这样，你就可以有用武之地，使出劲来了！"

周恩来操着浓重的江浙口音，鼓励刘文辉走上同中国共产党联系之路，并肯定他大有用武之地。刘文辉听了，顿时精神为之振奋。他用公筷夹起两片毛肚，向周恩来边敬菜，边笑道：

"周恩来先生来到重庆，我也算半个东道主了，您就尝尝我们的

57

重庆饭菜吧！"

"谢谢！"周恩来尝了一口，笑道，"重庆火锅，确实名不虚传哪！"然后，又继续分析道：

"刘将军，要做好反蒋抗日工作，这就需要团结，团结就是力量！既要在国民党内部多做团结工作，也要通过川康朋友自身的团结，去促进西南地区民主力量的团结！只有这样团结起来了，才能坚决反对和有效抵抗蒋介石的一切反动措施！"

刘文辉认真地聆听着周恩来对目前形势的分析及其反蒋策略的点拨，不禁频频颔首认同，顿觉眼前豁然开朗起来。

"这各方面的团结，自乾我将不遗余力。不过，尚望贵党一如既往，多多支持呢！"刘文辉诚挚地道。

"这就请放心了，刘将军。在团结抗战、联合斗争方面，西南地方力量并不孤立，完全有条件这样做。大胆行动起来吧，中共愿意从道义上、政治上给予坚决的支持！"临别时，周恩来紧紧地握着刘文辉的手，一股暖流顿时流进了刘文辉的心田。有这样坚强的朋友做后盾，他的心里感到踏实多了。

整个会晤，刘文辉同周恩来共谈了一个多小时。谈完后，周恩来当即离去，而刘文辉的心情却久久难以平静，因为他从周恩来的谈话中汲取的方针策略、精神力量实在是太多了。此次会晤，真使他终生难忘！难怪到了20年后的1962年，刘文辉回顾起这次会晤，还颇有感触地说：

这次与中共领导人周恩来的会晤，使我明确了政治方针，增强了前进力量。通过此次会晤，我同党的关系，也就由一般联系进入了实际配合的阶段。

1942年6月，根据二月会晤精神，中共中央特派王少春同志和他的行动小组，携带一部电台来雅安，专门用于刘文辉与延安之间通报。为了避免特务的捣乱和破坏，刘文辉令将电台安置在雅安城南郊苍坪山下的一排旧房里。平时，由王少春与刘文辉直接联系。若刘文辉离开雅安时，他就指定军参谋长杨家桢同王少春联系。每天，王少春把中共中央的方针政策和解放区的胜利消息以及抗日战场的态势，准确而又及时地向刘文辉传达；同时，刘文辉亦命人将川康方面的军政动态整理、摘要后向中共中央通报，并予请示。中共中央有关重要文件和毛泽东主席重要文章等，刘文辉都是通过电台，先期获悉的。由此，刘文辉在政治、思想和行动方向上，不断地受到党的教育，从而使他在抗日反蒋等重大问题上，增强了觉悟，减少了盲动性，获益匪浅。

　　1946年（民国三十五年）1月，重庆校场口事件发生后，在周恩来的支持下，刘文辉邀约冯玉祥、李济深、龙云等在重庆"聚兴诚"银行楼上秘密会晤。刘文辉在会上发表了旗帜鲜明的讲话：

聚兴诚银行旧照（来源：网络）

聚兴诚银行为全国重点文物保护单位牌匾（来源：网络）

"蒋介石这个龟儿子是个大骗子！我认识他最清楚，他说什么我也不相信了。就拿抗战来说吧，这本是挽救民族危亡的神圣事业，但他却当作消灭异己的机会，用这个法宝来为他做皇帝的阴谋铺路。"

"自乾兄一语中的！"刚被蒋介石赶出云南不久的龙云听了刘文辉的讲话后，不禁频频点头。

"因此嘛，我们这些人，"刘文辉呷了口茶后继续讲道，"如果不联合起来干掉他的命，过两天我们就谁也活不成！"

"联合起来跟他斗！"这正是周恩来先生的声音，刘文辉正积极为之努力着。

不久，旧政协会议闭幕后，周恩来在离开重庆之前，特嘱一位民盟朋友转告刘文辉："对于蒋介石，我们一刻也不能放松警惕！今后的政权问题，完全取决于人民意志。如果人民不要他，那他是根本站不住脚的！因此，你要告诉刘文辉，要他把西康工作做得更好，以争取人民的支持！"

刘文辉听了这位民盟朋友的转告后，体会到周恩来这番话不仅是向他说明了当前国内的政治形势，同时也是为他个人指出了光明的政治前途。

刘文辉通过与蒋介石一系列错综复杂的激烈斗争，再同中共朋友对他的多次亲切友善、爱护关心相较起来，就不禁使刘文辉得出了截然不同的感受和体会：

在这些年月里，我在政治生命中经历着截然不同的两种情况：一方面是共产党主动向我伸出友谊之手，诚恳关怀我，热情地支持我；而另一方面，蒋介石反动集团则视我若眼中钉，不断地在政治上排斥我。这就使我同共产党的关系日益亲近，而同国民党反动派的关系则越来越远离了。

1949年8月初，湖南省政府主席程潜起义后，刘文辉亲拟一封电文，交王少春拍发：

周恩来先生阁下：年来受蒋压迫，积怨难言。以处境困难，只好暗作准备。今已与邓锡侯、潘文华两部决定站在人民立场。今后应如

何行动，请予指示！ 刘文辉 民国三十八年八月八日

是年9月，西北的西宁、银川相继解放，战争重心已开始移向大西南。10月，刘文辉通过王少春电台，接到了周恩来的复电：

刘文辉将军阁下：大军行将西指，希积极准备，相机配合；（但）不宜过早行动，（以免）招致不必要的损失。周恩来 10月8日

刘文辉昼思夜想的周恩来的复电，现在终于收到了，他心情久久不能平静！此刻，他在反复阅读，认真揣摩周恩来的这一指示精神：这是叫他保存实力，迎接解放！

第六章　各方密谋为反蒋

与邓潘共商大计

就在刘文辉收到周恩来先生关于"积极准备，相机配合"的指示电文的同时，刘文辉的友军邓锡侯、潘文华也分别收到了中共方面的密函：

"邓锡侯将军：我军将抵川西，望作好（起义）准备。至于具体部署，请同刘文辉将军洽商。　中共中央南方局"

邓锡侯接此密函后，很想同刘文辉、潘文华两位亲密战友一起共商起义大计。但经发报联系，方知此时刘文辉尚在雅安部署西康有关事宜。刘文辉复电：

"不久我将返回成都，届时同你和仲三详商……"

10月下旬，刘文辉将西康军政要事托付给代军长刘元瑄、省主席张为炯和参谋长吴培英他们后，即带亲信杨家桢和一个卫队离开雅安，来到成都。他一到成都就感到空气分外紧张。卫队长告诉他：

"军座，无论是新玉沙街，还是方正街刘公馆宅前宅后，均有便衣特务在此布控……"

"知道了。"刘文辉指示说，"你们多加小心，谨慎提防！"接下来两天里，又发生了邓锡侯司机在刘公馆门前被打伤以及刘文辉卫队队长张兴顺被特务逮走等事。形势的发展，如同他的夫人杨蕴光所言："你现在来成都是很不合时宜的……"刘文辉深知，自己现在来蓉的确面临危险。但是，他考虑到来成都会利多于弊，似危而实安。这是因为：（一）遵照周恩来的指示，愈在紧张关头，就愈要加强对川康实力派邓锡侯、潘文华等反蒋势力的联合；（二）成都乃正反两种势力斗争的中心，在这里便于同民主力量和地方势力加强联系；

（三）在军事上，蒋虽处于绝对优势，自己单枪匹马处在成都，但蒋不清楚自己的底细，因而不至用兵。这样多拖一天，接近解放也就近了一天，遭到敌人的军事威胁也就会减少一天。相反，如果自己不来成都，蒋介石就会认为他存有二心而引起警觉。派胡宗南重兵向西康一压，刘文辉将实力不保，那又将怎样迎接解放呢？刘文辉认为，这正是周恩来指示精神的实质所在。所以，刘文辉决心到敌人控制下的成都同敌人作斗争。

至于王陵基、徐远举之流的敌特来刘公馆肇事，刘文辉自知当以眼还眼、以牙还牙。这不，还不超过5天，公馆外开的"茶铺"里，就接连放翻了两个"茶客"；再者，在一夜里，衣冠庙监狱的监狱长被捆绑，然后督促他释放了刘文辉卫队张队长……如此一连串的举动，直让邓锡侯赞不绝口：

"自乾此举，真是解恨，解恨！"

此次，刘文辉一到成都，就积极开展关于川西大起义的组织工作。来成都第二天，刘文辉就给邓锡侯和在灌县养病的潘文华打电话，约他俩来方正街公馆"有要事相商"。邓、潘二人到后，刘文辉盛情接待：

"今天有劳二位动步，大驾光临，蓬荜生辉哪！"

"自乾兄，我们早就盼望你通知我们来了，"邓锡侯着西装抱拳道，"你可是我们仨人的主心骨呀！"

"是的，自公，举大事就可全靠你提纲挈领了！"潘文华扶扶眼镜道。

今天的潘文华着长袍马褂，神采奕奕，看上去倒不像个有病之人。因此，刘文辉拍拍他的肩头笑道：

"仲三啊，你在灌县养的白白胖胖，哪像有病的样子，是不，晋康兄？可是，老蒋一说召见，你就托辞生病躲了，真是个好办法呀！"

"病呢，还真有，而且不止一种，"潘文华认真地道，"医生说我这是种并发症，需多加休养调理，我还要争取看到全国解放那一天呢！"

"快了，人民解放军已挥师直指大西南。"刘文辉道。

"自乾兄，我们此次前来，就是希望你向我们透露那边情况怎么样了。"

刘文辉情知，"那边"自然是指中共方面。这起义事关重大，周恩来的意见是由他来主持川西起义之大计。因此，他明了自己肩上责任重大！而期间具体步骤、细节则需要刘、邓、潘三方共同商讨，然后达成共识，最后付诸实施。想到此，刘文辉对他俩道：

"晋康、仲三，那边早已联系妥当，不成问题了。现在关键就在于我们仨人的决心和行动了！"

"自乾兄，我已收到中共南方局密函称，具体行动部署，我们俩同你具体洽商。"

"是呀，自公，我们就等你一声令下了！"潘文华拧开药瓶倒几颗丸子在手中，正要用开水服下时，却又捏住了，全神贯注地道，"我的代表黄应乾前天从香港返川，向我转达了中共代表乔冠华先生所提出的关于中共优待起义将领的有关方针政策是：欢迎起义，军阶不变，待遇依旧，部队改编，有职有权！"

"好，这也正是我们希望知道的。"刘文辉颔首道。

"这样呀，我们的顾虑可就全打消了！"邓锡侯高兴地笑道。

"还有好消息呢，"潘文华服药后继续说，"新政协筹备会已在毛泽东、周恩来二位先生的主持下在北平召开。特致密函告诉我说：及时准备，光荣起义，听自乾安排……"

"安排说不上，还是让我们共同商量吧！"刘文辉谦逊地道，"适才间，据二位通报的信息，也让我耳目一新哪！因此，我们之间就得常通信息，相互学习，取长补短！"

"自乾兄说的是，"邓锡侯喝了口蒙山茶后道，"眼下，我们是该听听你的安排部署了。"

"既然二位如此信任，我刘自乾也就真人不说假话了。"刘文辉严肃地道，"中共周先生之前复电于我，对我们三人的行动已有明确答复。"

"周先生他怎么说？"邓锡侯、潘文华不约而同地问道。

起义条款三人定

"周先生电文的意思是，解放大军不日将进军西南。他让我们保存实力，相机配合，选准时间，举行起义。"

"然也，中共周先生要我们保存实力，相机配合，这点很重要！"邓锡侯说，"最近我部黄隐军长的侄儿黄实，从南京辗转至省，传达了刘伯承司令员对我们的期望。"

"刘司令员，他怎么讲？"

"刘司令员指示我们及时起义。还指示黄实在成都为我们建立了地下联络站，与中共地下人员直接联系，还派专人来我黄隐部工作。"

"这，我也知道。随后就来了位'小章'（作者注：真实姓名周超，为中共地下党联络员），于不久前来成都，"刘文辉印证道，"携电台和与二野（中国人民解放军第二野战军）联络的密码，说刘、邓大军将从东路入川，希望我们三方及早准备，并提出方案，以供选择：一是解放军来到成都即举行起义；二是待接近时才宣布起义；三是不宣布，但要保护好地方仓库和公共财产。"

刘文辉刚说完，潘文华接着说："依你看，我们举事当选取哪种方案？"

"我看呀，具体部署，应由我们三方根据战争发展势态来认真充分商讨后再行定夺。"刘文辉思考道。

"这样甚好，反正到时候我们就听你的！"邓锡侯说。

1949年10月1日，新中国宣告成立。时任中国人民解放军总司令朱德于开国大典上宣读《中国人民解放军总部命令》："坚决执行中央人民政府和伟大领袖毛主席的命令，迅速肃清国民党反动军队的残余，解放一切尚未解放的国土。"刘（伯承）、邓（小平）大军所部兵团从东部进入四川，直指重庆。贺龙、王维舟、李井泉诸将领所率

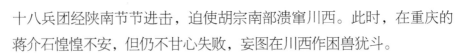

十八兵团经陕南节节进击，迫使胡宗南部溃窜川西。此时，在重庆的蒋介石惶惶不安，但仍不甘心失败，妄图在川西作困兽犹斗。

1949年11月下旬，刘文辉从内部渠道获悉，其时，蒋介石栖身的重庆，解放大军已兵临城下，重庆解放在即，蒋介石马上就要西逃成都。刘文辉想，此次起义，中共中央周恩来先生把承头之重任交付给自己；况且盟友邓锡侯、潘文华也公推他作领导，可见几方面都信任他，因此，他决定义不容辞地承担起这次起义的主要责任。从他们三方面来看，上次会晤，起义大计已定，决心已下，方向已明，这是毫无疑义的了。

但刘文辉又想，凡事预则立，不预则废。更何况此次起义事关重大，只能成功，不许失败！为了确保万无一失，就必须约集三方，按中共中央的部署，对起义事宜中的诸多事项，甚至是细枝末节，都要在详细探讨之后，做出决断。这样，到起事时才能做到有章可循，有条不紊，从而勇往直前，夺取胜利。但蒋介石即将来到成都，他一来，成都将特务密布，关卡林立，如此一来，就为他们三方的会晤造成了困难。因此，刘文辉想，必须赶在蒋介石到来之前的11月下旬，约集邓锡侯、潘文华前来共商对策，决定大计。

11月26日，按照刘文辉的电话预约，邓锡侯——这位患难盟友——如期来到了刘文辉在成都的新玉沙街公馆与刘文辉会晤。一见面，这两位同甘苦共患难的盟友就亲切地交谈起来。然后，刘文辉就将自己所草拟的一份起义条款，先给邓锡侯过目。不久，潘文华也拖着病体从灌县赶到。刘文辉待他入座后，又同样给他一份起义文稿，道：

"仲三，你未来之前，我已同晋康一起开始研究这起义条款了。现在正征求你的意见呢！"

"潘某迟到，尚望见谅！"潘文华谦逊地道，"既然你二位都已赞同，我还能有何异议呢！"

"不，事关重大，仲三兄你定当亲自过目！"刘文辉坚持说，"此条款必须要我们三方同时商定认可！"

潘文华戴上眼镜对条款中各条内容仔细斟酌起来。他看到，其上内容大抵是：与中共方面联络，由刘文辉具体负责，起义步骤与措施他已同中共地下党联络员"小章"达成协议；时间，根据周恩来的指示精神，不可过早，将待胡宗南大军麇集川西，并待解放大军逼近时，方可发动起义，但"必须是在解放军未到之前"；至于起义地点，则选择在离成都不远，敌人力量薄弱，我方业已控制之处，"初步决定拟在彭县……"

潘文华认真阅读完由刘文辉主持拟定的这份起义条款之后，高兴地击掌，感慨地道："自乾兄，这条款既符合中共要求、我方实际，又体现了起义的战略思想。如关于时间问题，既不可过早，但亦不可过迟，这就明确了是在解放大军逼近，但又必须是在'解放大军未到之前'，这火候掌握得真是恰到好处……"

"再者，自公对起义地点的选择，也是十分精辟的！"邓锡侯尚未等潘文华说完，便接腔了，"选择在成都附近，是我方黄隐九十五军所控制的范围，而且便于联络；敌弱我强者，乃成都之西北角也。那地方我清楚，过崇义桥后，不久便到。因此，自公选择彭县实乃真知灼见，目光过人哪！"

"二位仁兄过奖了！我这不过是抛砖引玉而已，"刘文辉认真地道，"不当之处，尚望二位多多提出，以便纠正！"

"其他的，我无异议，"潘文华皱着眉头欲言又止，"但是……"

"仲三兄，你、我、他并非外人，不消顾虑，有话尽管说吧！"刘文辉诚挚地鼓励道。

"只是，我担心，我们一举事，中共方面可否有高层人物前来接应、具体指导呢？"

"是呀，这层意思，"邓锡侯说，"我也这么想。"

"这一点，二位仁兄尽管放心好了，"刘文辉拍着胸口向他俩保证道，"中共方面自然会有高层人物前来指导，只不过这条款上不便言明罢了！"

"啊，是这样，我们可就放心了！"邓、潘二人同时道。

"既然二位对协议条款都无异议，"刘文辉动议道，"那么我们三方就在条款上签字吧！"当下，刘、邓、潘三人签字完毕，刘文辉即将此条款密存于保险柜之内。

虚与周旋当策略

1949年11月30日，重庆解放。当天上午，蒋介石乘"美龄号"专机抵达成都，着手部署川西会战，妄图把刘文辉拉进来。刘文辉虚与周旋，应付敷衍，佯装照办，能推则推，能拖就拖，用此策略与魔鬼打交道，相机行事。

当天，刘文辉接到张群电话通知：要他下午2时去北校场的军校接受委座接见。刘文辉接到通知后，随机给邓锡侯打电话：

"晋康兄，你接到今天下午受蒋接见的通知了吗？"

"接到了。那好，下午我们一起出席。"邓锡侯在电话里说。

"看来，决战快要来临，"刘文辉说，"转告仲三，我们应做好准备，相机行事！"

"仲三回灌县了，他要我转告你：他一定紧跟你的部署走，有要事你就通知他。"

这天下午，在黄埔军校成都分校的小楼会议厅里，集聚着国民党将级大员和川康实力派人物：张群、刘文辉、邓锡侯、熊克武、王陵基、王瓒绪、邓汉祥、胡宗南、顾祝同以及萧毅肃等。不一会儿，会议厅前传来一声：

"委员长到——"

与会者立刻全体肃立，蒋介石在两名卫士的护送下，来到会议

成都黄埔军校旧址（来源：网络）

厅，一挥手，微笑着招呼大家："坐下，坐下！"然后发表讲话：

"诸位想必已经知道，共军在今天已经占领重庆。听到这一消息，同志们可能就有点于心不安了，殊不知此乃我军委会的战略部署！何以也？"说到此，蒋介石停顿下来，扫视会场一周，然后继续说道，"我们是有意把共军引入四川，否则，我们又怎能在川西进行'请君入瓮'呢？"

刘文辉一听，心想：明明已经节节溃败，蒋介石却还在吹嘘什么"战略部署"，这些鬼话又骗得了谁呢？接下来，蒋介石又继续说：

"诸位，此次把共军引入四川，是为了在川西进行大会战！这次大会战，我们具备十分有利的形势和条件。天府之国历来物产丰富，人口众多，尤其是有中央军和地方军的聚汇，其作战能力就更大了！目前，我中央军有胡宗南三个兵团，近40万人枪是完整的，再加上刘文辉、邓锡侯、潘文华等部的30余万人枪，有如此大的力量作后盾，川西会战定然会取得胜利！"

蒋介石说到此，看了刘文辉、邓锡侯等川康将领后，又继续讲："所以嘛，此次在面临决定党国命运之际，我希望川康方面的朋友，能同中央密切合作，精诚团结，共同来打好此次川西大会战！现在，谨以此次大会战，征求大家意见，请诸位畅所欲言吧！"

"适才间，总裁训示，使方舟增强了对此次川西大会战必胜的信念！""反共急先锋"王陵基响应蒋介石召示，率先发言说，"委座见解十分精辟。四川人杰地灵，攻守皆利，国军与川康友军配合，夺取川西大会战的胜利是完全有把握的！"

"何以见得？"蒋介石一问，刘文辉立刻意识到他们师徒俩的双簧戏开场了！

"共军虽已早渡江窜扰东南、华南，然我东南沿海、海南、台湾都尚毫发无损；尤其是在大西南，尚兵精粮足，中央与地方万众一心，这些都是我党国此次发动川西大会战之有利条件……"

"那么，寿山（作者注：胡宗南的字）你将如何参加此次川西大会战？"这时，蒋介石故作提问，插话道。

"宗南不才，愿将手下装备精良之中央军投入此次川西大会战，再加上川康友军，定能给共军以迎头痛击！"

"甚好，寿山说的甚好！"蒋介石笑容满面地赞扬道，"真乃有勇有谋之真知灼见哪！"无非是为胡宗南捧场。

尽管胡宗南发言时场面热烈，但不知怎的，此后即出现冷场。与会者面面相觑，不知该如何启口。

"唉，适才间谈得很好嘛，"蒋介石又及时打气道，"大家接着谈吧，各抒己见嘛。"

但还是继续冷场，这可是蒋介石召开会议之大忌。这会儿与会者不发言，蒋介石开始坐不住了。于是，在环顾会场之后，他把目光停在了刘文辉身上，皮笑肉不笑地问道：

"自乾兄，你意下如何？请谈谈你的看法吧！"

"委员长总揽全局，"刘文辉一听蒋介石点名了，忙站起来，"我们都是一偏之见，您看怎么好，就怎么办吧！"

"好，好！"蒋介石听了，高兴地颔首道，"坐下，坐下！"

此时，蒋介石侍从室主任钱大钧来到蒋介石身旁，埋下头耳语几句，蒋介石便笑道，"刚才大家就川西大会战发表了意见，看来就这么定了。但大家还可以随时商谈，从长计议。为此，我看就由张岳军来作为召集人吧，散会！"

然后，蒋介石又用同样的吹鼓手方式，向军校学生训话。在升旗时，不知何故旗绳突然断裂，那面"青天白日"旗从旗杆上掉了下来。本来就迷信的蒋介石预感到一种不祥之兆，他铁青着一副脸色劈头骂道："娘希匹……"这时，站在他身旁的刘文辉机智地劝慰道："委座，也许是旗绳不经拉，别介意。"从而稳住了蒋介石。

12月1日上午，蒋介石事前不先通知，就突然来到刘文辉公馆，名曰"回访"，以示"优待"，实则是亲自刺探刘文辉的行动。但见刘府一切安然依旧，蒋摸不清实情，也就只好表面上敷衍一下，匆匆离去。

下午，刘文辉约邓锡侯在他的方正街公馆碰头商议。刘文辉说：

"晋康兄，看来这次蒋介石来者不善，我们现在同恶魔作斗争，就必须以恶还恶，把国民党固有的那套钩心斗角的伎俩发挥到极致，一点儿也老实不得啊！无论蒋介石花样如何层出不穷，'战略转移'也好，'川西会战'也罢，反正我们的原则坚定不移：投向人民，迎接解放！"

"自乾兄，我同仲三早就下定决心，跟着您投向人民，绝不听信蒋介石吹嘘提劲儿那一套胡诌！"邓锡侯从嘴里取出雪茄烟斗郑重地道，"但目前斗争复杂尖锐，你我可得注意策略啊！"

"策略，是的，所见略同，"刘文辉将手套摘下，指点着道，"对付蒋介石的策略，总的原则应该是：应付敷衍，具体抵制。"

"此话的意思是……"

"先说敷衍。在敷衍时，装蒜要装得像；谎话要编得圆。若蒋介石向我们提出具体要求时，能推脱的尽量推脱；实在推不脱的，那就一个字——'拖'！"

"现在我们对付蒋介石，当然不能来硬的一套，"邓锡侯首肯道，"因此，自乾兄，你这个'三字经'——'装、推、拖'，也就不失为一大良策啰！"

"晋康兄，现在大敌当前，一切都得看形势发展而定，我这是说，对条款的具体实施，'拖'了之后，能撑得住就撑，能撑多久，就算多久。这就如同周先生电文所指示的'相机行事'。到最后，我们就在适当时机起事！"

"自乾兄，就这么定了，"临别时，邓锡侯握着刘文辉的手道，"什么时候该怎么办，您拿主意，反正我同仲三皆听命于您！"

山雨欲来风满楼

12月2日午后2时许，刘文辉一卫士进客厅报告："张群长官来见！"

"快快有请！"刘文辉想：所幸此时邓锡侯不在。

张群和省府秘书长邓汉祥一起来到客厅后，张群谈话就直奔主题："自乾兄，川西会战在即，你同邓锡侯两部在大会战中该如何与胡宗南配合作战呢？"

"这次川西会战呀，我看眼下就全靠胡宗南这张王牌啰！我同晋康那么一丁点儿部队都抵不了事的！"

"自乾兄咋那样说呢？你同晋康部队加起来，不是还有10余万人枪吗？咋能说抵不了事呢？"

"事实如此。蒋先生过去对我们的杂牌军的办法是'打死敌军除外患，打死我军除内乱'。事到如今，我们也实在是巧媳妇难为无米之炊了！"刘文辉想，既然你张群是代表蒋某人，那么你就代人受过吧，因此发了一通牢骚，适可而止后，又将话题转过来，"不过，不管怎么说，我们同蒋先生到底还是青天白日旗下的一家人。俗话说得好，打断了骨头还连着筋呢！因此嘛，但凡有一兵一卒，我们也要同共产党拼个你死我活，诚如蒋先生训示我们的：不成功便成仁！"

张群听着刘文辉的话，一时摸不着底细，继而还是笑赞道："自乾呀，你真不愧是党国的国民革命军第二十四军军座啊，说话就是有分量。此次川西会战就是要同共军决一死战！"

"不过，岳军、鸣阶（作者注：邓汉祥的字）呀，我二十四军长期困守于地瘠人贫的西康多年，现在部队又分散于康、宁、雅三属，纵横千里，翻山越岭，若徒步行军，集结待命，非要有两三个月的时间不可。待那么长的时间集结于会战地川西呀，只怕黄花菜都凉啰。因此嘛，我看是远水难救近火哟！"

"这，这可怎么办呢？"张群听了，一下子慌了神，"那我回来向蒋先生禀报后再通知你自乾吧。好，今天就谈到此。"

送走了张群，刘文辉这才给邓锡侯打电话，谈与张群的会晤，最后说："总之，今天下午的会谈是无果而终。这可是你我所需的最佳结果。"

"自乾兄，你的'装、推、拖'三字经，今天可就立竿见影啰！哈，张群那'华阳国相'在你这位'多宝道人'面前，也只有甘拜下风的份儿啰！"

72　　因张群12月2日与刘文辉首次会谈不得要领，蒋介石面授机宜后，要他抓紧时间与刘等继续会谈川西会战之事。因此，12月3日张群在励志社通过邓汉祥传话给刘文辉、邓锡侯：

"张群向你们俩提出两条：一是要你们二位同胡宗南合署办公，以便协同指挥作战；二是要你们俩将家眷先期运往台湾。张群提出这两条，不知二位将如何应对？"

刘文辉一听便知，这是蒋介石的一个大阴谋，因此，他当即就说："这是张群传达蒋介石的旨意，企图以此两条来限制我们的人身自由。说白了，就是用与胡宗南'合署办公'来让胡监督我们；至于说到将家眷先期运往台湾嘛，则是让我们向他蒋某人提供人质，以此来胁迫我们同他一起反共反人民……"

"他姓蒋的倒说得安逸！"邓锡侯一听，火了，"他把别人都当成了阿斗，只有他才是诸葛亮！我等又焉能上当？"

"既然我们已经认清了蒋某人居心叵测，事情就好办了——那就按既定方针办吧！"

"自乾兄，你是说'三字经'：一装二推三拖？"

"正是！首先，请鸣阶兄给张群复命时，要装作虔诚，表示我们感谢委座关怀。"

12月4日上午，邓汉祥按商议给张群回话。张群听了，很不高兴，立刻凶狠地道："刘自乾夫人为什么不去台湾？还有邓母呢？"

"因为刘自乾说他夫人体弱多病，去台不能适应；再有，邓晋康说他母亲已年届八十高龄，再经不起长途折腾……"

"好了，别哆嗦了。夫人去不了，那就叫他俩的儿子去吧。总之，他俩的家眷至少得各去一人！"

当晚，财政部部长关吉玉为刘文辉拎来了一皮箱外汇说：

"刘主席，行政院阎（锡山）指示，要我拿来外汇，以备家眷赴台之需。"

"关部长，感谢你和阎院长的好意，"刘文辉委婉地道，"但这外汇还是请你带回去吧。此事容我再考虑考虑。"

12月5日午后3时许，刘文辉正在房中与夫人杨蕴光商量着如何应对蒋介石逼他的家眷去台一事。刘文辉对夫人道："为稳妥计，明天我就叫李金安把你送回老家安仁，抑或唐场的娘家去躲一躲吧。"

"不，自乾，我离不开你，就是死，我们也要死在一起……呜呜呜……"说着夫人竟哭了起来。

"怎么动辄就死不死的，我们全家这不是还好好的吗？我就不信有过不去的火焰山……"

夫妻俩正这么商量着，电话铃响了。刘文辉接电话：

"刘自乾，你赶快到励志社来，有要事相商！"电话那边传来了张群的声音，只听他没好气地说。

刘文辉乘车到励志社，问道："岳军，你找我？"

"找你、找你，我不找你找谁？"张群气愤地问道，"刘自乾，你究竟打的是什么主意？"

"我的主意早就打定了。"刘文辉按"装"的一套方案对待蒋的代理人张群，"誓同共产党拼个鱼死网破！万一拼不过，我就回西康出家去！"

刘文辉还想往下说，此时桌上电话铃响起。张群忙去接电话，对方声音很小，只听见张群说："刘自乾吗，哦，他来了，来了！"

见张群那副毕恭毕敬的样子，刘文辉立刻知道，电话是蒋介石打来追问自己行踪的。可见，他已处于蒋介石他们的严密监控之中！此时，张群对刘文辉发火说：

"我问你，刘自乾，事情拖了几天了，你拿出过啥行动：合署办公，作战计划，还是家眷去台？"

"岳军兄，你说的这几条，那我就明确告诉你好了。"刘文辉镇定自若地一一道来，"合署办公，执行就是；家眷去台，那可不行；至于说到作战计划嘛，那就要靠寿山他拿主意了。因为主角他在唱，我同晋康不过是跑跑龙套，协助而已。"

这时，张群拿起话机来给胡宗南打电话说："什么，胡宗南去绵阳了？那么请转告他，下午回成都后，请他到新玉沙街刘公馆一聚吧！"

刘文辉一听，很纳闷，为什么事前不给我打个招呼，就要来"一聚"了？张群这时发话了："今儿晚上就由你做东，在你公馆里由我邀请有关川西会战的军政将领一聚，大家开个会，商讨对策吧！"

刘文辉情知，这是张群以蒋介石代表身份向他发布口令：是夜要在他家开会。其目的是一来监控，二来观察，三来是将他同邓锡侯一起强行绑上战车，以作为蒋家王朝之殉葬品！但这没有讨价还价之余地，于是只好装着顺水推舟：

"岳军兄，党国要员今晚光临寒舍，蓬荜生辉，我将不遗余力盛情款待，以尽地主之谊！"

刘文辉告别张群，急找邓锡侯研究起对策来。

第七章　彭县起义迎新生

形势紧急巧出城

见到邓锡侯后，刘文辉将同张群周旋的经过说了一遍，邓锡侯听了后道："自乾兄智勇双全，高招迭出，应付了张群也就不在话下啰！"

刘文辉道："今晚聚会，可是一场鸿门宴。蒋氏集团不会轻易放过我们，对此，我们当有充分的思想准备呀！"

"你我都是从枪林弹雨中厮杀过来的，要说惊险，哪样阵仗没见过？"邓锡侯谈他的经历感受说，"在那种场合，你毫不畏惧，就会有惊无险，或化险为夷；你若懦弱胆怯，也许真的就会陷入灭顶之灾！"

"晋康兄经验之谈，着实可贵！"刘文辉也颇有同感，"因此嘛，今晚我们赴会，态度就必须尽量灵活些，还得继续运用我们同蒋帮作斗争的'三字经'：装、推、拖！违心之言多说些，装得尽量像一些，时间拖得长一些。再说了，我的公馆还驻有我的一个加强连侍卫队，我就不信在自家屋檐下都还把船翻了不成！"

当晚7时许，按张群安排，刘文辉在自己府上大摆筵席，"盛情款待"这帮不速之客。参加宴会的有张群、顾祝同、胡宗南、萧毅肃、王陵基、王瓒绪、邓锡侯等高级军政将领。但美味佳肴却无人举箸。开会时，双方唇枪舌剑，针锋相对，气氛十分紧张。军委会副总参谋长萧毅肃首先发言道：

"诸位，大家都知道，此次川西会战，委员长早作了周密部署。然而，令人遗憾的是有人尚怀异心。如据悉刘自乾已令所部炸了邛崃大桥，企图以此阻止胡宗南部队通过……"

刘文辉、邓锡侯一听萧毅肃责难，立刻大吃一惊！因为他们确实在成雅道上作了军事部署，并决定炸毁邛崃大桥，以阻止胡部通过。但那不过是个计划而已，却尚未执行！刘文辉对此迅速作出两点反应：一是蒋氏集团警觉性甚高；二是说明自己部属中潜伏有"内鬼"。因此，刘文辉立马站起来，以强硬的口吻反驳道：

"萧参谋长于党国之事着急，欲为委座分忧，令我等肃然起敬！但是，也不可血口喷人呀！"

"此话怎讲？"萧毅肃一听，当即从座位上站起来，反问道。

"你说我部已炸毁邛崃大桥，这本身就是信口雌黄，我刘自乾敢用性命担保，绝无此事！"

"我看这样吧，"邓锡侯也情知此刻大桥尚完整无缺，"不妨请萧参谋长同我们马上乘车，亲临现场调查，事情不就一清二楚了？"

刘文辉、邓锡侯的强硬态度和以事实说话着实将了萧毅肃一军！刘文辉进一步态度强硬道："这样，我们当着诸公之面，立下军令状，当场具结，然后再去邛崃大桥实地调查，如何？"

这么一来，萧毅肃哑口无言了！张群忙出来打圆场：

"事出有因，双方误会了！萧参谋长，自乾兄，算了，此事就不必再争论了，关于川西会战一事，我们再接着往下谈吧！"

继续由萧毅肃谈了一通"防御计划"，"要同共军血战到底呀"，"置之死地而后生"呀等，无非是虚张声势，提劲而已。接着，胡宗南说："我同自乾兄当精诚团结，共同来完成此次川西大会战。为此，自乾兄，我的四十万军队交由您来指挥，如何？"

"寿山兄，你我都是行家，您的部队我哪指挥得动呢？"刘文辉软中带硬地顶了胡宗南一句，"就像您同样指挥不动我的部队一样！"

会议主持者张群见大家东扯西扯老半天，还是不得要领，便宣布散会，会议无果而终。

12月6日，刘文辉约邓锡侯碰头。一见面，邓锡侯就说："由于我们质问和顶撞了萧毅肃，外面盛传我俩已被扣留。自乾呀，可见目前形势之紧张。我看这成都呀，我们是不能再待下去啰！"

"不，形势是紧张，但是，为了稳住蒋介石，我们还要再拖下去，"刘文辉沉着地道，"因为我们一走，就会惊动他们！"

"那么，我们要待何时才离开成都呢？"

"蒋介石再次召见我们之日，就是我们离开成都之时！"

12月6日晚，刘文辉侍卫长刘金安前来禀报说："谍报员廖品三求见！"刘文辉披着军大衣问道：

"品三，深夜登门，有啥事吧？"

"报告军座，上峰已下达通知：盛文部定于明日（7日）下午6时前来换防。因此，若军座要行动，得赶在换防之前……"

"我知道了，品三，我们一定尽快！"

刘文辉得报后，一方面安排家眷迅速疏散，另一方面通知邓锡侯，要他明晨快来刘公馆碰头。

12月7日晨，邓锡侯一大早果然冒着大白头霜前来刘府，刘文辉立刻邀他到书房入座密谈。刘文辉说：

"晋康兄，昨晚我的人前来通报，今天下午6点将换防，我们得赶快撤出成都！"

不一会儿，刘文辉与邓锡侯正在用早膳，突然，电话铃声急促响起，刘文辉丢下碗筷忙去接电话：

"刘文辉将军，我是蒋先生侍从室。接先生口谕，约您今天下午4时到北校场军校黄埔楼有要事相商！"

"知道了，请转告委座，"刘文辉立刻毕恭毕敬地答道，"说刘自乾一定届时赶到！"

"晋康，你给家里打个电话，问一下是否也接到了蒋侍从室的电话？"邓锡侯一问，家里果然也接到了相同的电话。

"这是蒋介石给我们下的最后通牒了！"刘文辉严肃地说，"他叫我们去北校场，就是要把我们禁闭起来，或者硬逼着我们参加反共战争，做人民的罪人；要么就像张学良那样做阶下囚！"

"我们既然已经决定走向人民，就断不可自投罗网。自乾，三十六计，我们走为上计吧！"

"对，事不宜迟，我们今天下午就出城去。"刘文辉郑重地道，"为了分散目标，不引起怀疑，我们各自化装从自己家里动身。我们的行动路线是：自成都北门出发，在城隍庙会齐，再到梁家巷乘车去崇义桥，然后向目的地彭县前进！"

决策定下后，刘文辉与邓锡侯分头行动。他考虑到，要出走，必经两门：一是自家公馆的大门；二是敌人严守的城门。刘文辉先令两名贴身侍卫携电台和重要文件，去北门外指定处集中。刘文辉自己则不带任何行李，两手空空，后面仅随从二人。他们先乘轿车从刘公馆大门坦然而出，举止若平常然。这样，他们一行三人便安全地闯过了公馆大门口的宪兵特务的监视。不一会儿，他们的轿车便来到了北门。

来到北门城门洞附近，刘文辉想，此处本来有自己的亲信廖品三连站岗，通过是没有问题的，但又唯恐王陵基临时加派了宪兵、特务，把事情整砸就不好办了。因此，他令司机将轿车开到离城门尚有百来米远的一个拐角处停下来。自己和两个随从下车后，再让空车由城门洞开过。这时，刘文辉对司机道：

"小吴，如果路上有哨兵盘查，你就说这车是我派到凤凰山机场去接客人的。然后，你把车子开到梁家巷那边公路旁的一个樟木树林里等我。"

"明白了，军座！"司机小吴行个军礼，上车开走了。

此时，刘文辉为防万一，就不直走城门，而是要从城门左侧的一个垮塌城墙缺口处翻过去。那缺口有半人多高，要在平时，刘文辉翻越此处是轻而易举的。但其时他因患重感冒正在病中，呼吸急促，浑身无力，翻越起来就十分困难。两个随从侍卫，一边一个，搂着他两腋，将他向上托起，这下，刘文辉才好不容易气喘吁吁、汗流浃背地翻了过去！然后由两名随从侍卫搀扶着，五步一停，十步一歇地终于又闯过了这第二道门。他们三人就这么徐徐前进往城隍庙而去。

再走一段路，刘文辉即在城隍庙附近的树林边发现此时挎着鸟枪佯装打鸟的邓锡侯，忙以目示意，邓锡侯便上了刘文辉的轿车，两位挚友这才一道往崇义桥而去。是夜，刘文辉与邓锡侯住宿于崇义桥附近，原刘文辉下属魏虚白的码头。刘文辉令报务员打开发报机与雅安刘元瑄等、武侯祠驻军董旭坤以及中共电台王少春等一一联络。

起义通电彭县发

与此同时，邓锡侯也通知所部九十五军将领黄隐、谢无圻赶到崇义桥驻处，与刘文辉一起会商了军事部署，准备起义事宜。末了，刘文辉悄悄通知黄隐"借一步说话"：

"你叫黄通知'小章'先生，明天上午9时来龙桥会晤，有要事相商！"这是刘文辉与中共地下组织的联络。

"知道了，自乾兄！"

"晋康，这儿你的部属多，"刘文辉吩咐道，"快派人秘密前往灌县，请仲三此次必须亲自出马！"

刘文辉将上述诸般事体吩咐安排妥当，已是下半夜2时许，他这才在房间大花床上和衣而睡。

12月8日一大早，按刘文辉的安排，刘、邓所部临时指挥所即移驻彭县（1993年撤销彭县，设立县级彭州市）龙桥的龙兴寺内。

这龙兴寺坐落于四川彭县城北外，系一座千年古刹，寺旁的龙兴舍利宝塔更是闻名遐迩。刘文辉从大殿来至禅房后，便急急唤道：

"晋康，那边'小章'到了吗？"

"周超同志，他该到

龙兴寺（来源：网络）

了。"邓锡侯答道，"黄实与黄隐都来了；还有，民革与民盟的特派代表李铁夫、李静轩这二李也来了！"

"那好，通知各方代表，我们即刻在寺西厢禅房召开一个指挥所政治小组会议！"刘文辉部属道。

半个小时后，龙兴寺住持正乘法师便领着与会者前往早就准备就绪的西厢禅房。这里窗明几净，清爽宜人。与会者共有10余人。按刘文辉的安排一次入座后，龙兴寺住持须发皆白的正乘法师便发给与会者一人一本《金刚经》，然后道：

"各位施主请吧！"说着，正乘便以一手平伸于胸前，然后虔诚地道了声"阿弥陀佛"后退了出去。

刘文辉环视一下到会的人后，问道："晋康，仲三来了吗？"

"他正在来的途中，"邓锡侯答道，"这没关系，他早就说听命于您了！"现在到会的，计有：中共方面化名"小章"的周超同志、邓锡侯、乔诚、乔毅夫、张斯可、陈离、九十五军军长黄隐、黄的侄儿黄实、黄的部将谢无圻、民革代表李铁夫、民盟代表李静轩以及二十四军参谋长杨家桢和刘文辉本人等10余人。刘文辉便宣布道：

"诸位，现在人已基本到齐，我们就开始开会吧！举义之事，在中共朋友的领导下，已酝酿有些时日了。看来，现在时机已经成熟，我们拟即刻举行。因事关重大，对重要事项，现请各方代表共同商讨，然后，在前次三方共同签署的条款基础上，形成最后的正式决议，以付诸实施！"

赓即，与会者就对有关起义问题，进行了认真商讨。其中，对一些问题争议较大。一是关于发表起义通电的时机。有人认为目前人民解放军距成都尚远，敌人的军事压力很大，为了减少损失，主张缓行。对此，刘文辉在会上发表旗帜鲜明的讲话，他说：

"朋友们，此次我同晋康冒险从成都出走，就是表示我们同蒋介石反动集团在政治上已经彻底决裂。敌人绝不会因我们尚未发表起义通电就放过我们；再者，停滞则易生变故，故我和邓晋康都主张立即行动！"

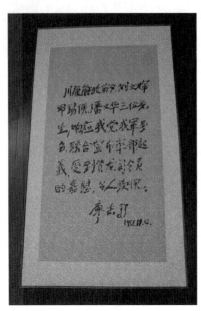

廖承志对刘文辉等起义的评价

通过讨论，大家一致同意了刘文辉的意见。

二是关于电文措辞。刘文辉此时将在成都拟好了的一份文稿取出，交由小组审议时，邓锡侯说：

"关于称谓问题，我们昨天还称为蒋委员长，今天就突然称呼蒋贼。如此一来，在情感上未免有点儿……这也太急转弯了吧！"

"啥子转弯不转弯啊！"黄隐说，"晋公，这是我们同蒋介石反动集团彻底决裂！这起义通电本身就是战斗檄文，来不得半点客气。所以，我赞同自公的提法，但称蒋贼无妨！"

这样一争议，最后还是达成了共识：由刘文辉拟定的起义通电获得通过！

12月9日，潘文华终于从灌县赶到了彭县。刘文辉命二十四军参谋长杨家桢在起义通电上郑重添列了潘文华之名。于是，刘文辉、邓锡侯、潘文华三人就在四川彭县正式通电起义了！

刘文辉鉴于他在彭县之电台没有与中共中央通电之密码，不能直发北京，乃电告雅安王少春电台。王根据刘文辉事前和当天的联络，立刻郑重地向中共中央拍发了关于刘、邓、潘三部在四川彭县宣告起义的通电。

由刘文辉将军领衔，刘、邓、潘三部正式联名起义，通电全文如下：

北京·毛主席、朱总司令并转告各野战军司令暨全国人民公鉴：

蒋贼介石盗窃国柄廿载于兹，罪恶昭彰，国人共见。自抗战胜利而还，措施益形乖谬，如破坏政协决议各案，发动空前国内战争，紊乱金融财政，促成国民经济破产，唆使贪污金壬横行，贻笑邻邦，降低国际地位，种种罪行，变本加厉，徒见国计民生枯萎，国家元气断绝。而蒋贼怙恶不悛，唯利是图。在士无斗志，人尽离心的今天，尚欲以一隅抗天下，把川、康两省八年抗战所残留的生命财产，作孤注之一掷。我两省民众，岂能忍与终古！

文辉、锡侯、文华等于过去数年间，虽未能及时团结军民，配合人民解放战争，然亡羊补牢，古有明训，昨非今是，贤者所谅。兹为适应人民要求，决自即日起率领所属宣布与蒋、李、阎、白反动集团断绝关系，竭诚服从中央人民政府毛主席、朱总司令与中国人民解放军第二野战军刘司令员、邓政治委员之领导。

所望川、康全体军政人员，一律尽忠职守，保护社会秩序与公共财产，听候人民解放军与人民政府之接收，并努力配合人民解放军消灭国民党反动派之残余，以期川、康全境早获解放。坦白陈词，敬维垂察。

刘文辉、邓锡侯、潘文华　叩

一九四九年十二月九日

三部高级将领：黄隐、刘元瑄、潘清洲、伍培英、陈离、马毓智、万里、谢无圻、刘元琮、杨乃轩以及严啸虎等，由九十五军军长黄隐领衔，亦发表通电，拥护起义。

上述两电，均由在彭县和雅安的两部电台同时拍发。

刘、邓、潘三部联合起义发表不久，正在出国访问期间的毛泽东得知此事时，抑制不住内心的激动，对身边工作人员说："总司令的那位老乡（指刘文辉），给了蒋介石当胸一拳，请我们的总司令代表中央复电嘉奖！"于是，中国人民解放军总部朱德总司令代表中共中央发来复电，全文如下：

接读于12月9日通电，欣悉将军等脱离国民党反动集团，参加人民阵营，甚为佩慰！尚望通令所属，遵守中国人民解放军总部本年4月25日《约法八章》与中国人民解放军第二野战军本年11月21日《四项号召》，改善军民关系与官兵关系，为协助人民解放军与人民政府，肃清反动残余，建立革命秩序而奋斗！

中国人民解放军总司令　朱德

一九四九年十二月二十四日

1949年12月12日，刘文辉以西康省政府主席身份下令，西康全省在雅安举行了起义誓师大会。是日，刘文辉以省主席、军长名义签发《西康省政府、二十四军布告》，拥护中国共产党领导的人民解放事业；令摘去国民党国旗、帽徽，蒋介石像以及反动标语。14日，又成立了西康省临时军政委员会，由刘文辉任主任委员，刘元瑄副之，杨家桢、陈耀伦、张志和、彭迪先等为委员，接管西康军政事务，迎接全省解放。

在中共中央、周恩来先生长期以来的亲切关怀、教导下，刘文辉终于1949年12月9日，在四川彭县同邓锡侯、潘文华一道率部起义，毅然走向了人民阵营！

总理恩情永难忘

中华人民共和国成立后，在党中央、周恩来总理的亲切关怀和直接领导下，刘文辉相继担任了国家一系列军政要职。

1950年1月8日，西南军政委员会在重庆成立，经中华人民共和国政务院总理周恩来的提议，经中央人民政府第八次会议通过，由中央人民政府毛泽东主席任命刘文辉、邓锡侯为西南军政委员会（后改为西南行

1953年中央人民政府任命刘文辉为西南行政委员会副主席的任命书

被任命为西南军政委员会副主席的刘文辉签名报到。

政委员会）副主席；潘文华为西南军政委员会委员。

是年秋，刘文辉到北京参加全国政治协商会议，受到毛泽东、刘少奇、周恩来、朱德、彭德怀、贺龙等中央领导同志的亲切接见。周恩来会见刘文辉时，高兴地笑道：

"刘将军，你经过几十年的坎坷历程，终于走到了人民阵营。作为老朋友，我衷心地欢迎您哪！"

中华人民共和国主席任命通知书

根据中华人民共和国全国人民代表大会第一届全国人民代表大会第一次会议的决定任命刘文辉为中华人民共和国国防委员会委员。

主席 毛泽东

一九五四年九月二十九日

第 133 号

1954年9月毛泽东签发的任命刘文辉为中华人民共和国国防委员会委员的任命书

"周副主席，我能有今天，全靠您对我的开导、帮助和教育呀！"刘文辉握着周恩来的手诚挚地道，"我衷心感谢您哪！"

"来到人民阵营，我们可就是一家人了！"周恩来语重心长地道，"您要在党的领导下，以主人翁姿态积极参加民主改革运动和社

1954年10月18日，国防委员会第一次会议在紫光阁举行，毛泽东等与各位委员合影（三排左二为刘文辉）

1955年，刘文辉获一级解放勋章。

1958年，刘文辉在成都郊区作报告。

会主义革命与建设！"

"周副主席，我一定遵照您的希望和要求，"刘文辉表态说，"兢兢业业，不懈努力！"

刘文辉来到人民阵营后，在周恩来的亲切关怀和提议下，除了西南军政委员会副主席之职，他还历任四川省政协副主席、国防委员会委员、国务院林业部部长，还先后担任全国人大代表、人大常委，全国政协委员、政协常委，民革中央常委，民革四川省委第二届委员会主任委员。1955年，中央人民政府授予刘文辉一级解放勋章。

1959年，已经65岁的刘文辉调北京出任林业部部长。国务院分配他住在史家胡同的一座四合院里，与荣毅仁为邻。刘文辉在任林业部长期间，干劲十足，兢兢业业，先后视察了江西等地的林业发展情况，为全国的林业发展做出了很大贡献。

桩桩件件，一页页历史，就像是在酿酒，悲伤快乐都酿造在一坛酒里面，岁月悠长，或许不需甘冽火辣，但必定愈加醇厚香甜。刘文辉在短短的30多年里，从四川军阀到共和国林业部部长，书写了生命长河的传奇，从一个侧面反映了中国共产党领导的多党合作的历史必然性、伟大的独创性和巨大优越性。

在北京期间，刘文辉与周恩来总理接触的机会更多了，也更有利于聆听周总理的教导。

"文革"时期，当刘文辉受到冲击时，周恩来得知后，及时赶来保护他，将刘文辉径直送到北京301医院"就医"。刘文辉被感动得老泪纵横。后来，每当回顾这段历史时，刘文辉都感触颇深，对周恩来总理充满了深深的感激。

1972年初，在周恩来的关怀下，刘文辉被"解放"了，回到了林业部工作。但不久因走路不慎，跌断了胯骨，并发肺炎，又住进了301医院治疗。周恩来得知后，从百忙之中抽出时间，专程赶到医院看望刘文辉，使得刘文辉得到了莫大的慰藉。

是年9月30日，盛大的国庆招待会在北京人民大会堂举行。当周恩来总理一一祝酒，来到刘文辉席前时，笑盈盈地斟酒道：

"老朋友，刘将军干杯！"

刘文辉倏地站起来，举起酒杯，深情地向周总理祝愿道："敬爱的总理，历史上当宰相时间最长的是唐代的郭子仪，有二十四年，希望总理保重，超过郭子仪！"

周总理听罢，"哈哈哈"地开怀畅笑起来。然而，此时的周总理已发现身患癌症。刘文辉却不知道！

1975年春，身患癌症的周恩来总理抱病参加了四届全国人大一次会议。当他在会上得知刘文辉也身患癌症时，不顾自己病重，立即指示医院要对刘文辉尽一切办法全力治疗，并随时将病情向他报告。他关心起老朋友来，远远胜过关心自己。

1976年1月，敬爱的周恩来总理逝世的噩耗传来，刘文辉悲恸万分！他不顾家人和医生的劝阻，毅然冒着凛冽的北国寒风让人搀扶着缓步进入灵堂，老泪纵横地向敬爱的周恩来总理作永诀的告别。

1976年6月24日，一生充满传奇色彩的"西康王"刘文辉在北京病故，终年81岁。

刘文辉追悼会现场

安仁故居概说

一、安仁古镇的历史沿革

蔡星明

安仁镇位于四川省大邑县，是一个历史悠久、民风淳朴、人文荟萃的古镇。由于受到传统礼教的熏陶和圣哲先贤的教化，"耕读传家"在老百姓中流传深广。从安仁建县至清末，据不完全统计有50余人曾考中秀才、举人、进士。曾出现过许多文人或英才，如宋代文学家计用章祖孙三代3位进士、詹曰权祖孙三代6位进士、新中国完成地球三极科学考察的第一人高登义。其他如文同、陆游等不仅在安仁留下了足迹，也留下美丽的诗篇和传世佳作。民国时期，安仁产生了50余位县团级以上的军政官员，其中包括四川省主席兼21军军长刘湘、西康省主席兼24军军长刘文辉、新12军军长刘元瑭、24军代军长刘元瑄、24军副军长刘元琮、23军11师师长张成孝、24军137师师长刘元璋、地方绥靖部队新编17师师长刘树成、新10军4师师长陈孝等，因此安仁有"三军九旅十八团"之称。

名称缘由

"安仁"名称缘于《论语·里仁篇》："仁者安仁，知者利仁。"据宋代地理总志《太平寰宇记》载：安仁名称取"仁者安仁"之意。仁者安仁，是安于行仁，仁者其心有本，安于仁上，视富贵如浮云，处于陋巷亦不改其乐，这是人生的至高境界。自从孔子创立"儒学"后，儒家思想对中国人的思维和行为方式以及中国历史进程，都产生了深远的影响。"仁"是儒家思想的核心，把"仁"推崇为做人的最高道德准则和道德境界。从镇名"安仁"可以看出，儒家文化对安仁的影响很大，镇民之间充满着"仁爱"，行政管理者实行的是"仁政"。

秦汉时期

安仁历史悠久。远在新石器时代，安仁地区就有人类的活动。据《大邑县志》记载，大邑"境内已发现新石器时期人类遗址"。1995年，新津县发现了距今4500多年的宝墩古城遗址。2003年，安仁附近考古发掘了距今4300多年的大邑盐店古城遗址。安仁正好处于成都平原两个古城遗址的过渡地带。在夏朝时期，安仁为禹贡梁州之地，商、周和春秋时期属古蜀国。秦兼并六国统一天下后，分天下为三十六郡，安仁为蜀郡临邛县属地。西汉初改蜀地为益州后，历经东汉、三国，直至隋朝，安仁基本上仍为益州临邛县属地。从20世纪60年代至80年代，在安仁地区先后发掘了几座东汉至三国的古墓，出土画像砖数十方。画像砖是厚葬之风的产物，画像砖的发掘，可以说明安仁在这一时期已是富庶之地。

由于安仁地处川西平原，土地肥沃、气候温和、物产富饶，为先民的生存和繁衍提供了得天独厚的环境和物质条件。从秦汉到三国时期，由于这里人口密集，水陆交通便捷，经济文化发达，安仁已成为蜀郡重镇。

安仁古镇手绘图（来源：网络）

唐元时期

据《旧唐书·地理志》记载，公元620年（唐高祖武德三年），以临邛、依政、唐隆等县建置安仁县，隶属剑南道邛州。县治在今安仁镇。前后蜀时，安仁镇为安仁县广德乡。据《元丰九域志》记载，安仁县辖12个乡及沙渠、后田、头泊3个镇和延贡寨。安仁之所以设县，除物产富饶、经济文化发达、人口密集外，这里还是水陆交通的枢纽。它东邻唐隆江源（今崇州）、南连五津（今新津）、西通依政永丰（今邛崃）、北靠屏障邛州晋原（今大邑）。这里连接了成都府、邛州这两处当时繁华的商埠都市，也是陆路的必经之地。斜江河流经安仁，又为水运交通带来了便利。

公元634年（唐太宗贞观七年），以益州置剑南道。剑南道领成都府，及彭属眉邛等三十八州。邛州设临邛郡，领县七：临邛、依政、安仁、大邑（公元671年，即咸亨二年，析益州之晋原置）、蒲江、临溪、火井。公元643年（唐太宗贞观十七年），安仁县撤销。公元670年（唐高宗咸亨元年），安仁县又复建治，隶属邛州。

元朝建立政权后，忽必烈为反对地方割据势力，实行高度的中央集权，大肆裁州并县。公元1284年（元世祖至元二十一年）安仁撤县为镇，并入大邑县。由此可见，安仁设县有664年的历史，距今已有1380多年了。

明清时期

安仁虽建县较早，但几经沧桑和战乱。尤其在明末清初遭到空前的劫难。明末农民起义，张献忠军攻克成都，建立大西农民政权，定都成都，称西京。随后破邛州，入大邑。张献忠军来到安仁后，大肆烧杀抢掠，安仁遭到有史以来最大的一次浩劫。经过明末清初的战乱，安仁的人口锐减，土著居民甚少。清康熙以后，政府采取措施大量从湖广移民。安仁现在的许多大家族如刘姓、安姓、乐姓、李姓、张姓、姜姓、彭姓等也是这一时期移居安仁的。

安仁故居概说

在这一时期，约明朝嘉靖年间，刘文辉先祖刘觉宗由安徽举家迁居四川名山，为落业四川的一世祖。据《刘氏宗支族谱》记载，清康熙年间，刘氏家族入川九世祖刘应良次子刘朝怀，因与安仁镇胡荣贵家独生女结婚，胡荣贵授以刘朝怀"田百余亩，基地一所。其后归家迎父应良、母杨氏一起来到安仁奉养，而兄及弟矣俱来此彼业，授侄躬耕……"于是，刘应良成为落业大邑县安仁胡礅子的刘氏一世祖，刘朝怀及兄刘朝元、弟刘朝举成为落业大邑县安仁胡礅子的刘氏二世祖。刘朝怀与兄弟奉养胡荣贵夫妇至终老。因其弟刘朝举无嗣，于是刘朝怀与兄两家分居住于胡墩子"前边"、"后边"，和睦相处。胡墩子在现刘氏祖居旁，刘氏家族在安仁生存繁衍，逐步成为安仁的一户大家族。胡墩子也改为刘墩子。

清咸丰至清末，大邑县编为东、西、北、上南、下南五个乡，安仁镇为东乡下二甲。1933年，废乡设区，安仁地区属第二区。1935年（民国二十四年），始置安仁镇，下辖25个保。

民国时期

民国初年，安仁镇仅为一个普通的乡镇，农工商业比较落后。安仁镇成为大邑东南重镇，是与刘氏家族的崛起分不开的。

辛亥革命以后，刘文辉和刘湘叔侄俩在军阀混战中，逐步登上了四川政治和军事舞台，一度控制川康两省，双星闪烁。20世纪20年代后期，刘湘任国民革命军第21军军长、四川善后督办；刘文辉任国民革命军第24军军长、四川省政府主席。大半个四川归刘氏叔侄占据，转眼间刘氏家族急剧爆发。随着刘氏家族地位权势的显赫，安仁镇的规模也得到很快扩大。1923年刘湘开始在镇东修建公馆。1925年（民国十四年）刘湘购买廖姓祠堂，由其弟刘自强出面，联合部分乡绅，用一年时间，从刘湘公馆至中心街万年台，建成了一条新街——仁和街。1926年至1929年（民国十五年至十八年），在刘湘支持下，在镇北修建了一处安仁镇公园。

依附刘氏家族升官发财的人也不断增多。安仁镇成了地主、军阀、官僚相对集中的地方，在20世纪三四十年代聚居安仁的军阀有"三军九旅十八团"之称，成为一个引人注目的历史现象。

1932年"二刘之战"爆发，刘湘取得胜利，刘文辉败退西康。刘文彩及其追随者，也大部分从叙府（宜宾）回到安仁。刘文彩一回到安仁，在众乡绅的抬举下，由"川南王"变为"川西王"，很快控制了安仁和大邑下南乡局势。从1938年至1948年（民国二十七年至三十七年），在刘文彩的带头下，刘氏家庭兄弟子侄及地主豪绅，在安仁镇大兴土木，相继新建了维新、裕民、天福、吉祥、树人、澄平大小街道6条。在街上，又陆续修建公馆府30余处。镇容扩大，市场繁荣，商业兴旺，安仁镇一跃成为川西平原一流乡镇。

1939年起刘文彩在安仁街上，又陆续建成了同庆茶楼、星廷戏院、洋楼花园、私立文彩中学。1941年（民国三十年）刘文昭在天福街公园旁修建报本祠，同年刘文彩又修建肥猪市等，迅速兴起的公馆建筑和公共建筑，使安仁镇功能更加齐全。安仁镇逐步成了车水马龙，袍哥士绅云集的重镇。

1942年以后，刘文辉走上接受中国共产党领导的道路。他的家乡安仁以及附近乡镇，成为中共地下党及进步人士经常集中和活动的地方。为迎接解放，安仁镇人民开展的革命斗争活动更是如火如荼。

安仁迎来解放

1949年秋，刘伯承、邓小平率领的二野部队和贺龙率领的一野十八兵团挺进大西南。12月9日，刘（文辉）、邓（锡侯）、潘（文华）率部在彭县起义，打乱了蒋介石妄图在成都建立"西南防线"的梦想。12月中旬，在人民解放军的猛烈攻击下，胡宗南率部从成都向新津、邛崃、雅安败退，在新津与邛崃之间遭到游击队阻击，部分部队溃败安仁，另有大部分军校官兵以及王陵基的部分残兵败将败退安仁。刘氏家族的许多人都分散到乡下躲避，一时间安仁成了一座"兵城"，安仁镇街上以及刘湘、刘文辉、刘文彩等公馆驻扎了大量部队，同时也遭到了空前的骚乱和抢劫。

1949年12月20日，在人民解放军的追击下，在安仁的部分国民党军以及军校大部分师生，向大邑县城败退。在败退途中，又遭到游击队的围截，如惊弓之鸟，一触即溃。21日，解放军和游击队在安仁镇的清官亭和西川旅馆门前，贴出了由司令员刘伯承、政治委员邓小平、副政治委员张际春署名的"中国人民解放军第二野战军布告"，正式宣告了安仁镇的解放。刘文辉部队起义后，于1950年2月20日，集中到安仁、唐场学习整训，1950年6月，改编为中国人民解放军第62军。

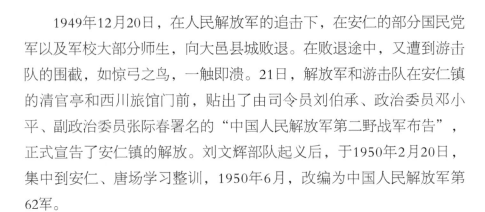

安仁街景

新中国的安仁

新中国成立之初，大邑县安仁镇归眉山专区大邑县管理。1951年3月，划归温江专区大邑县管理。1983年地市合并，安仁镇归成都市大邑县管辖。1985年，安仁镇同安仁公社合并。1992年10月，将苏家乡、元兴乡划归安仁镇，镇域面积扩大。1999年10月，苏家乡、元兴乡又恢复建制。2004年10月，唐场镇和元兴乡划归安仁镇。

安仁镇主要以农业经济为主，男耕女织有悠久的历史。由于安仁镇属川西平原，土地肥沃，农业生产以水稻、小麦为主；经济作物主要是蔬菜、花生、果树以及蚕桑等。工商经济主要是小手工业、酿酒、砖瓦窑、染房和家庭纺织等。

20世纪六七十年代，安仁镇曾一度闻名全国，是与地主庄园分不开的。1958年10月，安仁镇成立了地主庄园陈列馆。在阶级斗争为纲的形势下，也随着陈列馆展出内容的扩大以及对地主阶级罪恶的深刻揭露，陈列馆成为人民群众来此参观、接受阶级教育的重要课堂。尤其是1965年国庆节期间，泥塑《收租院》正式对外开放后，前来参观的观众更是人山人海。参观地主庄园陈列馆，开展忆苦思甜教育成为当时人们政治生活的一项内容。

安仁中学校门

这时的安仁中学（原私立文彩中学）也成为中宣部和教育部抓的试点。时任中宣部副部长张盘石、教育部部长何伟亲率工作组到安仁中学总结办学经验。1968年6月至1969年6月，四川组织省、市文化系统如峨嵋厂、新华书店、艺术演艺界、新闻出版系统等人员，集中在安仁中学办学习班，进行清队和思想改造，参加学习班的人员大概有1000余人，著名演员冯喆以及许多知名人士曾在这里学习劳动。陈列馆所在地安仁民安大队，更成了许多领导干部同贫下中农打成一片和锻炼、蹲点的首选地。

改革开放后，安仁镇的旅游业和民营经济得到了迅速的发展，尤其形成了以酿酒、机械加工、汽车配件、服装、餐饮、旅游纪念品为特色的民营经济。现安仁镇为中国历史文化名镇、四川省十大古镇、成都市十大魅力城镇、中国博物馆小镇、中国文物保护示范小镇。安仁镇辖24个行政村，4个社区，总人口7.6万人，其中古镇常住人口2.3万人，幅员面积56.9平方公里。近年来，安仁镇加大力度推进城乡统筹，加大对古镇的保护和旅游业开发，旅游经济日益凸显。

安仁古镇历史沿革列表

公元纪年	历史年代	建县前后	隶属关系	备注
620—643		建安仁县	剑南道邛州	公元620年建县
644—669	唐代	废安仁县	邛州	公元643年撤县
670—907		恢复安仁县	临邛郡	公元670年恢复建县
907—960	五代十国	安仁县	邛州	
960—1127	北宋	安仁	川西路成都府路邛州	
1127—1279	南宋	安仁县	川西路成都府路邛州	
1279—1283		安仁县	邛州	
1284—1368	元代	安仁镇	属大邑县	公元1284年撤县为镇
1368—1644	明代	安仁镇	属大邑县	
1644—1911	清代	安仁镇	属大邑县	
1911—1949	民国时期	安仁镇	属大邑县	
1949.12—1950.3		安仁镇	眉山地区大邑县	
1950.3—1983.5	中华人民共和国时期	安仁镇	温江地区大邑县	
1983—		安仁镇	成都市大邑县	

二、安仁故居的修建环境

吴宏远

　　刘文辉故居位于四川省大邑县安仁镇，处于成温邛高速公路和川西旅游环线上，距大邑县城10公里，距成都市37公里，北纬30° 37′，东经103° 20′。古镇往西属邛崃山脉，斜江河、干溪河合流往西南方向流过古镇；古镇东南有桤木河蜿蜒而过；古镇西北方向，远处群山叠嶂，道教发源地鹤鸣山、南传佛教圣地雾中山环绕，再远处西岭雪山高高耸立。民国初年，安仁镇的主要街道为中心街，有一所高等小学和几所私塾。在中心街东入口，有一处清代的万年台，每年赶会、过节这里都有唱戏演出。北面有东岳庙、城隍庙、关帝庙等几处寺庙。北入口有一处清代骑街建筑"清官亭"。西面有清代的陈家桅杆，是古镇耕读传家、人才辈出的象征。东面有毗卢寺。周围有安姓、陈姓、张姓、乐姓等几处较大的民居宅院。镇西古老的斜江河蜿蜒而过，古镇田畴环绕，西有流水东有道，形成了古镇的基本格局。1895年1月，刘文辉出生时，安仁是大邑县的一个平常小镇。镇东刘氏祖居旁的私塾族馆和镇北天相学校、镇西的斜江河边以及街上的祠堂庙宇是他主要的生活和学习天地。

周边环境

　　刘氏庄园位于安仁镇东的民安村一、二社，是由南北相望的两大建筑群组成。南部建筑群是刘氏祖居、刘文辉大哥刘文渊公馆、三哥刘文昭公馆、四哥刘文成公馆、五哥刘文彩公馆，俗称老公馆；北部建筑群是刘文辉公馆，俗称新公馆。两大公馆群建筑面积2.1万平方米，占地7万平方米，其中刘文辉公馆占地面积24882平方米，建筑面积8406平方米，房屋162间。刘文辉公馆四周田畴环绕，坐西朝东，视野开阔。公馆落成后，在围墙四周栽植了两排柏树，如今已是郁郁葱葱，树高二三十米。两个公馆大门外的左右两侧各建有一个池塘，既栽荷观赏，也蓄水消防。

刘文辉公馆背后的西面过去是一片农田，近几年来随着旅游业的发展，在距公馆100米外，规划了水碾坊、石磨水乡、上舍都亭酒店等景点和休闲设施。公馆西北角现建有一处旅游停车场。北面是毗卢寺，相距几十米。民国时期，安仁至沙渠、双流、成都的一条简易公路从刘文辉公馆与毗卢寺之间穿越而过。毗卢寺历史悠久，相传始建于唐代。由于历代战乱频繁，该寺曾多次遭到损毁。民国初年，刘公赞（刘文辉父）准备修缮毗卢寺，他联合了安仁镇安庙子的安姓，长福的郑姓、付姓，金井岗的廖姓4家富庶旺族，向毗卢寺共捐田30余亩。20世纪三四十年代，刘文昭、刘文彩对毗卢寺的恢复、扩建倾注了许多心血，刘湘也曾捐款，四川的部分军政要员也为寺庙送匾。1952年，毗卢寺新建为安仁粮站。

刘文辉公馆两个大门外的东面是一片开阔的农田。公馆南面与老公馆建筑群南北相望，距离300米。过去新、老公馆之间是一片农田，中间只有一条弯曲的小路。1964年，刘文辉公馆曾作为阶级教育的展出内容，为了方便观众参观，征用了当地民安大队一、二队的部分土地修建了一条连接新、老公馆的参观公路。公路开始设计宽5米，长300米，以后又两次加宽。2007年，以参观公路为基础新建"安惠里"，成为一条连接新、老公馆的旅游商业步行街。刘文彩公馆大门对面是安惠里入口，入口处有一个传统特色的石牌坊，上书"安惠里"三个字由启功先生题写。两旁楹联为北师大教授赵仁圭撰联并书写：秦汉古风安仁圣教今犹盛，江河新貌惠世慈波久更深。步行街的两旁建筑，注重了民居建筑和公馆建筑的协调。安惠里街中有一条灌溉小渠穿越而过，经过改造，小渠为三弯的河沟，设计了三座仿古桥。曲折变化的视觉效果，给人一种小桥流水、曲径通幽的感觉。两边的商铺以经营古玩为主，有各类字画、钱币、瓷器、古旧家具、石刻、木雕等。在步行街快接近刘文辉公馆处设计了两个土丘，作为步行街与公馆建筑之间的过渡。步行街上大量采用当地植物为绿化树种，以银杏、槐树、大叶榕、朴树等作为主要的高冠树木，以海棠、杜鹃、迎春、桃花等低矮植物作为衬托，形成立体而又错落起伏的层次感。

老公馆群的刘文渊公馆旁是刘氏祖居，始建于清同治年间，民国时期曾进行过改建和增修。刘文渊、刘文运、刘文昭、刘文成、刘文彩、刘文辉六兄弟先后在此出生，刘文辉在此度过了自己的童年生活，直至考上四川陆军小学才离开。刘氏祖居保存完好，现复原对外展出。刘氏祖居西面有一处刘氏宗祠，建于清代中后期，祠堂坐西朝东，当地称之为"千子门"。彼时刘氏家族还未发达，祠堂仅有正房3间，另有部分披房（即披屋），正堂上有祖先神位。祠堂前有一壁八字形"屏墙"，长约20米，高约3米。清末，刘文辉大哥刘文渊中举后，在"屏墙"前立有桅杆一对。1931年的清明节，身居四川军政要职的刘文辉、刘湘曾一起回老家祭祖。抗战前夕，刘湘感到家事不顺，父母和两个儿子先后去世，本人也被胃病时常折腾。他想自己本应"问鼎中原"，现仍是一个省主席。风水先生测算，是刘氏祠堂作犯，刘湘信以为真，遂在1936年（民国二十五年）腊月二十八日下令将刘氏祠堂拆除。祠堂拆了3天，赶在腊月三十日才拆除完毕。虽然族人大为不满，但刘湘身居要职，谁也奈何不得。刘湘出川抗战前夕，曾专门回安仁，在原祠堂旁的刘氏祖坟前祭祖，他告之族人，今后他将出资新修一个刘氏宗祠。1937年刘湘率川军出川抗战，次年1月病逝于汉口，他承诺的修一个刘氏宗祠未能实现。

刘氏宗祠的北面是刘氏祖坟地，这里是一直被刘氏家族引以为豪的风水宝地，被称为"白虎挂印"之处。在刘氏宗祠南面有一处刘氏私塾族馆，私塾族馆建筑建于清咸丰年间，是落业安仁的第四代祖刘玙利用其住居改建而成，由刘玙、刘仕彰、刘宗燧、刘公德四代先后执教，前后办学100余年。刘湘、刘文辉、刘元瑭以及新编17师师长

101

刘树成等，幼年曾在这里接受启蒙教育。现刘氏私塾族馆保留有三间房屋。

故居修建

1908年，13岁的刘文辉冒充16岁考入四川陆军小学堂第三期。1911年起，先后考入西安陆军中学、北京陆军第一中学、保定陆军军官学校第二期炮科读书。1916年5月，刘文辉在保定陆军军官学校毕业后，开始步入军界从政从军，平常很少回家。1926年刘氏六兄弟分家时，他没有分到任何家产。

1937年的一天，西康建省委员会委员长兼24军军长刘文辉回到安仁老家，他当着几个弟兄的面开玩笑说："几位兄长在安仁都有房子，我没有，我回来只能在五兄（指刘文彩）那里挤一下。"刘文彩与刘文辉从小感情甚笃，20世纪二三十年代，刘文彩在刘文辉防区叙府（今宜宾）担任了许多重要官职，大发横财。刘文辉虽是开玩笑，但刘文彩当即表态："我给你修！"此后，刘文彩开始谋划在安仁老家出资为刘文辉修一座公馆。

延辉堂全景（刘春明摄影）

1938年，刘文彩把刘文辉公馆选址在自己住宅以北300米的高朗田地上。刘文辉有李助乾、杨蕴光两位夫人，刘文彩请人绘制了一张由南北两个部分组成的联体公馆草图。派人从山区采集符合要求的木料和石料，组织部分施工和管理人员以及泥、木工师傅到成都市参观考察。又挑选了大邑、崇庆县等附近的能工巧匠，组成两批修建队伍，各由一个掌墨师负责。由刘仰三等负责修建南部公馆，杨祝亭、谢南轩等负责修建北部公馆，在现场安排了施工监管和后勤人员，10天给工人结算一次工钱。从1938年至1941年底，修建刘文辉公馆的泥、木、雕、石工人最多时达1000余人。在公馆修建临近结束时，刘文辉的大哥刘文渊、二哥刘文运、三哥刘文昭、四哥刘文成见刘文彩出巨资为其弟刘文辉修建公馆，四位兄长决定共同出资修建一条安仁镇东场口到刘文辉公馆背后的公路，以方便出行。

1942年2月的一个深夜，周恩来和刘文辉第一次见面，地点选在重庆机房街吴晋航家，以避开特务耳目。会谈只有周恩来、刘文辉和吴晋航三人，持续了一个多小时。会面后，刘文辉回到安仁接收公馆，并举行了庆典。这次回到家乡，刘文辉一身戎装，受到了地方士绅和

刘文辉书写的沛远堂牌匾（刘春明　摄影）

群众的热烈欢迎，从安仁镇至刘文辉公馆，沿途都是欢迎的人群，燃放了许多鞭炮。刘文辉公馆的庆典比较热闹，川康许多军政官员送匾祝贺，公馆内挂满了匾额。刘文辉在新落成的公馆接待客人，同时在安仁和岳父家乡唐场请了两个戏班唱戏，同时办"酒席"招待客人。"酒席"是流水席，随到随吃。刘氏家族以及周围部分群众有的送鸡、送蛋等，刘文辉安排管家以银圆回赠。公馆内的"沛远堂"、"延辉堂"两块横匾为刘文辉所书。沛远，意思为把盛大的恩德传播很远。延辉，即把光辉的业绩传播到很远的地方。两块横匾表达了公馆主人创建功勋、声威远播的愿望。令人遗憾的是，1952年，刘文辉故居内的匾额除保留两道横匾外，全部摘除去修了安仁粮仓。刘文辉故居的家具也因不断变换管理和使用单位，如今也荡然无存。

　　刘文辉平常与五位兄长一起见面的机会很少，这一次六兄弟全部到齐。刘文辉特地从成都请来了摄影师拍照，不仅拍了六兄弟的合影照，而且几位兄长及其家人也分别拍了合影照和单人照。刘文辉离开安仁前，把南部公馆暂交二夫人李助乾管理，北部公馆暂交三夫人杨蕴光管理。此后至1949年，刘文辉几次回安仁，曾短暂居住。

三、安仁故居的建筑特色

蔡星明

刘文辉故居是由两个公馆大门组成的联体公馆。建筑布局规整，明显有规划设计的痕迹。整个故居建筑呈正方形，分为南北两个部分，每道大门进去的建筑布局基本一致，中间由花墙间隔，既互相联系，又独立成章。故居坐西朝东，两条东西轴线对称配置，分别贯穿前厅、正堂、中堂、后堂，各自形成三进院落，每一院落南北两侧是住房和厢房。在轴线

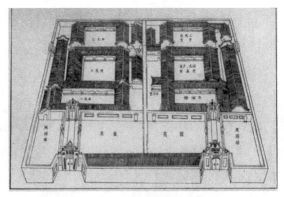

刘文辉故居示意图（吴宏远提供）

上修建的是主要活动场所如堂屋、厅房，住房、厢房等修建在轴线两侧，按南北向放置，这便于采光和通风，形成适宜居住的良好空间。

建筑特色

民国时期，安仁有大小公馆建筑50余座。刘文辉的安仁故居，不仅在安仁的公馆建筑中占地面积和建筑规模是最大的，而且在建筑风格上也独具一格。

1. 建筑风格上中西合璧

刘文辉故居的建筑风格以中西合璧为主，这与民国时期的社会经

济和历史文化是分不开的。

民国时期，中国处于半殖民地、半封建社会，这一时期也是一个动荡不安而又变革发展的社会年代。由于"西风东进"，给中国的政治、经济、文化等各个方面带来了影响和冲击，也对传统建筑带来了影响和冲击。资本主义列强在中国纷纷设立租界、通商口岸，西方的建筑师以及西方培养的中国建筑师引进了欧洲建筑文化，在上海、天津、南京、武汉、青岛，以及在日本人侵占的大连、沈阳、长春、哈尔滨等地修建了现代建筑式样，同时西方现代建筑文化通过报纸杂志、建筑师的交流等方式在中国传播，许多教堂建筑也在各地大量涌现。这些建筑所产生的效应，逐步影响和波及全国各地。

西方建筑模式传入中国后，引起了上层社会人士的极大好奇。但是，他们在修建新建筑时，没有照搬希腊神庙、哥特式教堂、巴洛克建筑的式样，而是进行了借鉴和改良。这一时期，由于受传统儒家礼制伦理的影响，在建筑布局上，讲究中国传统平衡对称，以四合院为单元。在外观上，体现的是中国民居特色，采用清一色的悬山式、歇山式大屋顶，两坡、四坡、攒尖等营造手法。在建筑构造上，仍以穿斗式木结构框架为主。建筑高墙紧锁，形成封闭式院落，青砖灰瓦，各式封火山墙错落有致，在屋脊、飞檐上点缀吉祥图案，这些都体现了中国传统民居建筑所特有的风韵。在继承的基础上，同时融入了部分西式建筑元素，如传统民居的门窗，装饰繁缛、采光较差。西方教堂建筑的窗户一般简洁，在半圆形、三角形的窗户上装嵌玻璃，既增加了采光效果，又方便实用。在大门的营造上，大多摒弃了传统的门罩式，而采用牌坊式或哥特式的建筑风格，以灰塑的浮雕装饰……如此创造，使东、西方建筑元素和谐地结合在一起，显示了中西合璧建筑文化的独

中西合璧的建筑风格（刘春明　摄影）

特魅力。

刘文辉故居在平面布局上继承传统民居特点，以三合院、四合院为单位，主体建筑一般摆放在中轴线上。这一时期，由于中国的传统观念和生活习俗具有强大的生命力，儒家的礼制伦理思想仍然影响着建筑的布局，通过正房、厢房、后房等居住位置来体现尊卑、长幼、男女、主仆等关系。刘文辉故居建筑以砖木结构为主，多采用硬山顶封火山墙、小青瓦屋面。前厅、正堂、中堂以及堂屋明间采用抬梁式，增加了堂屋的使用空间，此外堂屋外间

雕花（刘春明 摄影）

还使用天穹罩、落地罩等隔断形式。住房普遍窗下砖砌坎墙、雕花门窗、装板隔断。

刘文辉故居的大门没有采用传统的门罩式，而是具有西方建筑风格、又十分高大雄伟的正门。正门为尖顶，轻灵而富有动感的垂直竖线统治着整个门身，具有浓郁的哥特式建筑风格。正门及两侧装饰了大量中国传统的民间灰塑，主要为传统的动植物吉祥图案，如鳌鱼吐水、狮子戏球、猛虎下山、仙鹤独立等。南部公馆大门门额为"履中蹈和"，北部公馆大门门额为"进德修业"，具有中国传统文化特色。二门同样以尖顶的哥特式建筑风格，门身采用垂直竖线的砖柱支撑，柱子采用欧洲巴洛克柱式样，并以当时工艺新颖的水刷石抹面作装饰。窗户也摒弃了传统的雕花槛窗，采用教堂建筑的三角形或半圆形。如故居内

庄园大门上的文字和图饰

107

的望月亭，房顶是中式，柱子和栏杆则采用西方的巴洛克式样，两者合二为一。南部公馆前庭两侧的"日门"和"月门"为尖点、水刷石抹面。刘文辉故居的窗户主要为三角形和半圆形，明显受到西方教堂建筑影响。

2. 建筑功能上追求高品质的生活

刘文辉故居建筑在居住功能上追求同现代生活接轨，这样既满足公馆主人的日常起居，更注重高品质的生活空间。车库、戏台、网球场以及中、西式会客厅等，不仅是公馆主人身份的象征，也是社会发展交往的需求。两个公馆大门与前庭之间各有一条长长的甬道，两条甬道之间设计有一个大花园。大花园栽植了许多翠竹、塔柏、桂花、紫薇等以及四季花木。民国时期，网球是一项时髦的运动，南北两个公馆在进馆的靠北、靠南一侧各布置了一个网球场，供公馆主人休闲时健康运动。北部公馆的二、三进院落还修建有望月亭、家庭戏台和一个秘密"金库"。

刘文辉夫人杨蕴光接收北部公馆后，一度由娘家人看管。不久，杨蕴光对北部公馆进行内部修建，对外声称只是稍作改建。结果杨蕴光在第二庭院外侧增修了望月亭，望月亭对面堆山垒石，山石下蓄水养鱼。庭园内花木扶疏，颇有江南园林特色。在第三庭院增修了家庭戏台，如遇重大节庆或公馆主人的寿庆或婚喜，可请戏班在此唱戏。在第三庭院南侧修建了一个秘密"金库"。金库呈"M"形，体积42立方米，共有三道铁门，是用两尺多厚的钢筋混凝土浇铸而成。整个金库密不透风，进入里间给人一种恐怖之感。金库设计隐蔽，入口处是一个中式小客厅，墙壁四周是用木板镶成板壁，客厅里摆放了太师椅、茶几等中式家具，墙上布置书画。小客厅一般不接待外人，外人经过这里，也不可能想到板壁后还有玄机与奥秘。这个金库即使是当年的建造者刘文彩也不知情。刘文彩的三儿子刘元富后来说："我父亲都不知道，只见他们请有泥木工人，我们还以为他们对公馆有哪里不满意的地方，需要改造一下！"

刘文辉故居的庭园栽植了许多柚子树和桂花树。柚子树是川西平

原的传统植物，誉为吉祥
果。它外形浑圆，象征团圆
之意。柚子的"柚"和庇佑
的"佑"同音，柚子即"佑
子"。一到春季，柚花发出
淡淡的清香，惹人喜爱。过
去大户人家抽鸦片的人多，
恰好吃柚子具有理气化痰、

公馆庭院（刘春明　摄影）

润肺清肠、补血健脾等功效。桂花又称木樨花，花开时节香气袭人。
"桂"有吉祥的寓意，古时人们称科举高中为"月中折桂"；称子孙
仕途昌达为"兰桂齐芳"。"桂"音谐"贵"，因而是象征富贵的吉
祥树。

3. 建筑装饰上构图吉祥

　　建筑是民众栖息的空间，也是主人身份的象征。主人在追求舒
适、美观、气派的同时，受到传统文化的影响，出入起居也祈盼吉利
平安，会在墙饰、木雕、壁画、灰塑、石雕等建筑装饰上采用传统雕
刻工艺，图案内容主要选择吉祥的动物、植物，构成"凡图必有意，
有意必吉祥"的文化特征，表达了公馆主人对生命价值的关注，对幸
福美好生活的祝愿和对家族子孙兴旺的期盼。

　　刘文辉故居的门、墙、撑弓、天穹罩、落地罩、驼峰、房脊、柱
础石等建筑构件都做了雕饰，图案多样，工艺精湛，如故居大门的装

饰图案以中国传统的鹤、
鹿、蝙蝠、花卉、卷草等为
主，具有浓郁的审美趣味，
表达了对美好生活向往的心
愿。建筑装饰的木雕、石
雕、灰塑等，其吉祥图案一
般是通过比拟、谐音、隐
喻等手法来表达寓意，具

墙壁图案

109

有浓郁的传统文化特色和川西民俗特点。如"喜鹊闹梅"、"松鹤同春"、"丹凤朝阳"、"福在眼前"等。同时南部公馆的前庭侧门上方的灰塑图案中，还添加了法文。在故居第三庭院的木板壁上方，还雕刻有南京国民政府旗徽图案。由于刘文辉较长时间执政西康省，两个大门还装饰有藏文。南部大门藏文大意为"佛法永存"，北部大门藏文大意为"权力集中点的王宫"。

这些不仅反映出主人的喜好，而且打上了时代的烙印。

4. 外观上公馆高墙紧锁

故居大门气势恢弘，最高点约11米，高耸的大门与两侧的高墙，营造出一种威严的气氛。四周是一道6米高的砖墙，构成高墙紧锁的封闭式院落，给人以幽深莫测的感觉。故居内的每一处单体建筑相连，大多采用硬山顶封火山墙。封火山墙是世代劳动人民总结出的一种防止火烧连营的建筑形式。封火山墙风格迥异，有猫拱形、驼峰形等，美观大方气派，形成层层叠叠的建筑以及错落有致、丰富多姿的侧立面。南北部公馆两侧还各建有一排粮仓。

故居大门没有设置屏门，南北公馆的两个大门步入前庭是一条38米长的甬道，甬道两侧是砖墙遮蔽，故居大门前过往的人流视线，难以窥视宅院内的活动。

5. 色彩上青瓦灰砖黑门

青瓦灰墙，黑漆大门，深栗色柱窗，是刘文辉故居建筑的主色调。清代民居建筑一般不上漆，保持木质的本色。民国时期的建筑开始注重建筑色彩装饰。故居不惜用财力、物力装饰建筑，有的地方在建筑雕刻上描金点缀，使故居建筑更富有独特的韵味。加上色调淡雅的门上灰塑，使故居建筑在富丽堂皇中又不失庄重的气氛。

公馆大门甬道（刘春明　摄影）

故居没有高层建筑，主要为砖木结构的二层房屋，楼上一般不住人，作为堆放杂物，二楼隔层起到冬暖夏凉的作用。住房地面普遍是木地板，四周安设地嵌石，地嵌石镂雕有"卍"字、"寿"字等图案，镂空处方便木地板下的空间的空气流通。室外地面主要铺设青砖，组成回纹、十字纹、人字纹、拐子纹等图案。

6. 建筑材料上使用新材料新工艺

刘文辉故居的建筑材料以瓦、砖、木、石为主。这一时期，为了节约木材，增加了对砖石的使用，提高了建筑的防火、防盗的安全性。室内采用木结构抬梁式，增加了室内空间，两侧是砖结构的封火山墙。同时新材料"玻璃"、"水泥"也开始应用到建筑上。这一时期，作为新材料的玻璃、水泥，不仅生产量少，而且价格昂贵。故居的窗户主要是玻璃窗，增加了采光效果。二门和部分墙壁使用了工艺新颖的水刷石抹面，故居"金库"旁的一间室内水泥磨石地面，装饰图案为南京国民政府时期的旗徽。

文化价值

1. 民国公馆的代表性建筑

从清末民初开始，成都、重庆陆续出现了一批中西合璧建筑，如华西坝老建筑群、成都市四圣祠西街和北街的近代民居以及教会建筑。另外，四川军政要员的公馆宅第如成都的刘存厚公馆、熊克武公馆、李家钰公馆、石肇武的"肇第"，重庆的宋子文公馆、刘湘公馆、杨森公馆等。这部分建筑处在大城市，影响很大，体现了"时髦"，代表着"时尚"。

刘文辉在外从政从军多年，见多识广，产生了新的居住理念。在成都、重庆等地的军政要员的公馆，建造年代一般在20世纪二三十年代，而刘文辉故居始建于20世纪30年代后期，因此在营建时，既可参考借鉴，又可因地制宜。故居建筑既继承川西传统民居建筑形式，又借鉴西方建筑手法；既继承传统，又不因循守旧；既大胆运用西方建筑元素，又不生搬硬套。因此，故居形成了中西合璧、古今融合、南

安仁故居概说

公馆内的凉亭（刘春明　摄影）

北兼有的建筑风格，其建筑文化、民俗文化引人注目。

刘文辉故居无论是建筑规模还是功能设计，既是建筑文化的传承、借鉴和创新，又在民国时期的公馆建筑中独树一帜，是这一时期的代表性建筑。

2. 中西建筑文化交融的典范

刘文辉故居既有封建豪门府邸的遗风，又有西方城堡和教堂建筑的特色。中西合璧，既体现出西方建筑文化逐渐东侵并深入中国内陆的历史现象，也反映了民国时期川西民居建筑的发展变化。

刘文辉故居大量借鉴了西方建筑元素，如简洁大方的三角形、半圆形窗户，这种式样的窗户适宜安装玻璃，采光效果好。而传统民居中细腻繁琐的雕花门窗不但费工费料，而且适用性差，采光效果较差。刘文辉公馆的大门、二门、侧门摒弃了传统的木结构门罩式，采用西方哥特式的式样，透露出高大雄伟和向上冲刺的空间意识。砖石结构的大门、二门不但节约木料，而且更经久耐腐。二门门柱和望月亭柱子采用巴洛克式，更具有雄厚气派的感觉。刘文辉故居的平面布局是由多重院落组成，注重了曲径通幽、连绵不尽的建筑组群效果，继承了中国传统民居特色，每道门上的灰塑又体现了传统民间艺术特色。

中西方建筑文化虽然存在地理环境、民族性格、历史文化等差异，但在刘文辉故居那里两者却得到充分的体现和融合，而且是相得益彰。

3. 公馆灰塑是民间艺术瑰宝

灰塑是民间传统建筑工艺，是以石灰、纸筋、稻草、矿物质颜料、钢钉、钢线等为原材料的室外装饰艺术，历史悠久。灰塑工艺精湛，立体感强，色彩丰富，图案题材广泛，通俗易懂，生动活泼，多为人民群众喜闻乐见。

安仁及周边的灰塑艺人，从小在泥工行业摸爬滚打，通过师父的口传心授和自己的刻苦钻研，技艺日趋成熟，尤其是这一时期许多寺庙的恢复和祠堂的修建，为灰塑艺人们提供了展示技艺的舞台，张德盛等成为安仁民间灰塑技艺中的精英人物。

灰塑艺人们在营建刘文辉故居时，精心创作，给世人留下了一幅幅优秀的灰塑作品。刘文辉故居的每一

公馆一角（刘春明　摄影）

道大、小门上都装饰有灰塑。如故居北部大门中间的灰塑"金鸡牡丹图"，两束牡丹一支盛开，一支刚伸出花蕾，山石上两只雄鸡一上一下对视，鸡尾羽毛高翘，像是在展示羽毛的美丽。灰塑采用了浅浮雕、深浮雕、圆雕手法，加上色彩淡雅的彩绘，把一幅"金鸡牡丹图"表现得很有生活情趣。南部公馆前庭侧门上的灰塑"仙寿富贵图"，由牡丹、佛手、水仙和下方一个变形的寿字组成。牡丹代表富贵，佛手寓意福寿，水仙是借用"仙"来表示神仙。两个大门的圆雕灰塑"仙鹤"、"麒麟"等，栩栩如生。大门两侧的灰塑"卷草"、"缠枝莲"、"回纹"、"云头"更是精雕细刻。

故居内的砖墙灰、白相间，有的组成"圆寿纹"、"博古纹"、"回纹"、"万字纹"等传统的吉祥图案，构成凹凸丰富的立面，具有浓郁的传统审美情趣。

四、安仁故居的陈列展览

蔡星明

　　2011年4月28日，经过一年的紧张筹备，由刘氏庄园博物馆和建川博物馆联合举办的"刘文辉旧居陈列"，在刘文辉故居举行了开馆仪式。为配合陈列，刘文辉故居开放了故居北部公馆的三个庭院，并利用故居现场展出文物展品2807件，历史图片近千张。这些历史文物和图片，除面向社会征集外，建川博物馆和刘氏庄园博物馆也提供了许多藏品和图片。刘文辉亲属对此也给予了大力支持，捐献了刘文辉生前的部分生活用品和大量的历史图片。该馆复原了中式会客室、住房、经堂、林业部部长办公室、金库等场景，同时结合展览场地和展出内容设计了刘文辉夫妇打网球、看川戏、刘邓潘三将军商量起义、中共驻雅安秘密电台台长王少春向北京发起义通电等雕塑场景。整个展览共分为六个单元，介绍了刘文辉传奇的一生。

少年求学从戎

　　该单元介绍了刘文辉的出生。刘文辉祖籍安徽，明朝嘉靖年间，祖上由安徽迁居名山三扇磨。清康熙年间，刘应良从名山迁居安仁。清末民初，国家内忧外患，贫穷积弱。刘文辉先后考入四川陆军小学、西安陆军中学、北京陆军第一中学、保定陆军军官学校。1916年5月，刘文辉于保定陆军军官学校第二期炮兵预科毕业。

　　展出的重要文物有：刘文辉早期使用的笔砚；刘文辉在陆军中学读书时与大哥刘文渊及部分同学的合影；刘文辉原配高氏的老照片；高氏绣的枕顶、荷包等。1914年与刘文辉结婚后，高氏一直闲居安仁，苦闷之余寄情于女红，荷包、枕顶是高氏亲绣送给侄女的礼物。

青年以武崛起

　　该单元介绍了刘文辉从保定陆军军官学校毕业回川后，经堂侄刘湘推荐到川军第二师刘存厚部任上尉参谋。刘文辉步入军界后，陆续担任营长、团长、少将旅长。1920年11月，刘文辉任川军直属第1混成旅旅长，成为一支自立门户的军阀队伍。刘文辉在历次四川军阀混战中，左右逢源，不断扩军扩防。1926年11月，被任命为国民革命军24军军长。1928年（民国十七年）10月，担任四川省主席。

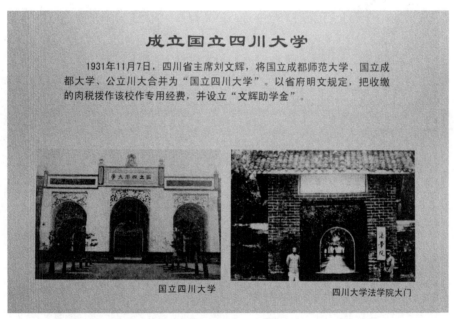

关于刘文辉成立国立四川大学的展览照片（刘春明　摄影）

　　展出的重要文物有：1926年西康屯垦使行署警卫旅裁兵筑路纪念碑；1929年刘文辉作序的《边区风物展览会影片集》；第24军军部修械所出入徽章；私立晋原中学"教育宗旨"木匾；24军编印的《反日宣传大纲》——"九·一八"事变发生后，刘文辉指令24军学友互助总社编印、1931年11月1日发行，主要介绍了日本出兵东三省的原因、经过、惨况、日本侵略中国的史实、国人当应有之努力，主要发24军官兵宣传学习；刘文辉签署的四川省政府布告（复制件）——反映的内容是1931年11月，时任四川省主席刘文辉签署的四川省政府布告内容，决定将成都师范大学、成都大学、川大合并为"国立四川大学"；此外还有李助乾与女儿刘元恺、女婿伍培英的合影；1928年刘文辉抱着刚出生的长子刘元彦与夫人杨蕴光的合影等珍贵的照片。

《反日宣传大纲》（刘春明摄影）

二刘之战，兵败西康

　　该单元介绍了1932年，刘湘、刘文辉两叔侄由于利害关系已到不可调和的地步，只得兵戎相见，四川军阀间最大的一次混战——"二刘之战"终于爆发，从1932年10月开始，至1933年10月结束。战争历时一年，双方共动员兵力20余万人，战争绵延千余里。战事以刘文辉惨败、刘湘统一四川而结束。

　　展出的重要文物有：刘文辉私章；川康国防费临时筹集处借券；24军护卫大队铜徽章；刘文辉赠剑；刘文辉使用过的望远镜；24军木手枪盒等。望远镜由刘文辉长孙刘世昭捐赠。刘世昭说，这个望远镜是他爷爷刘

刘文辉签署的四川省政府布告第四号（刘春明　摄影）

文辉在担任24军军长时就开始使用的，其后伴随着他爷爷从四川省到了西康省，直至率部起义，"历经"了无数场战斗。新中国成立后，刘文辉住在北京史家胡同，刘世昭说他常把望远镜拿出来拆卸玩耍。

刘文辉担任24军军长时使用过的望远镜（刘春明　摄影）

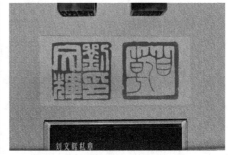

刘文辉私章（刘春明　摄影）

主政西康

该单元介绍了1933年，刘文辉率部退守西康，先后担任西康建省委员会委员长、西康省主席。主政西康初期，刘文辉经济上困难重重，政治上孤立无援。刘文辉的政治思想发生了很大的转变，开展多元外交，广交朋友，爱国思想日益增强。1939年1月，刘文辉任西康省政府主席。主政期间，他注重招贤纳士，注重处理好当地的民族关系，实行"三进主义"和"三化政策"，实施十大建设，注重发展农业，大力兴修电厂，增设各类学校。这一时期，刘文辉十分重视教育。20世纪30年代，摄影师孙明经在西康省考察时，发现当地的学校校舍大多宽敞明亮，学生衣着整齐，令人耳目一新，而部分县政

1939年西康省中等学校暑期兵役宣传大纲（刘春明　摄影）

府却破烂不堪。好奇的孙明经问一位县长："为什么县政府的房子总是不如学校？"县长回答："刘主席说了，如果县政府的房子比学校好，县长就地免职！"刘文辉主政西康时期的措施和政策，在一定程度上促进了西康地区政治、经济、文化的发展。

展出的重要文物有：24军军官训练团毕业纪念赠剑；西康省地方行政干部训练团铜徽章；西康省训纪念铜镇纸；西康省训团毕业纪念铜墨盒；西康师管区司令部《兵役宣传简要问答》宣传单；西康省《公务员生活规范》；刘主席南巡纪念瓷墨盒；《良友画报》新西康专号；刘文辉经堂的唐卡银铜画轴；刘文辉致李继先关于开发西康的信函；1947年刘文辉长子刘元彦结婚请柬（复制件）等。其中刘文辉致李继先的信函，是1935年1月22日，刘文辉致信上海参议员李继先，介绍了川康地区的丰富矿产情况，希望通过李继先招商（华侨、外商）开发，并承诺在税收方面给予扶持。2011年7月，这封信函被评为国家一级文物。

刘邓潘起义

该单元介绍了当1949年10月新中国刚刚成立时，西南大部分地区还处在国民党军队的控制中。蒋介石妄图建立以四川为中心的所谓"西南防线"，继续负隅顽抗。12月9日，刘文辉和邓锡侯、潘文华在彭县通电起义。刘邓潘起义动摇了国民党在四川的统治，国民党军队开始分化，纷纷起义。12月10日，见大势已去的蒋介石，乘机离开了成都，"决战川西"的梦想破灭。刘邓潘起义对于配合中国人民解放军胜利进军西南、促进四川成都等地的和平解放，做出了积极的贡献。

展出的重要文物有：1949年12月16日《人民日报》关于刘邓潘起义的报道（复制件）；西康省临时军政委员会宣告解放电文（复制件）；刘文辉生前使用的包皮木箱等。其中，刘文辉生前使用的包皮木箱是刘文辉起义的见证物。刘文辉儿子刘元彦在捐赠木箱时说，这是1926年父亲刘文辉与母亲杨蕴光结婚后一直使用的箱子。1949年12

起义商议雕塑场景（刘春明　摄影）

月14日，胡宗南对刘文辉突然起义怀恨在心，派出部队对成都玉沙街刘文辉公馆极尽破坏和抢劫，然后将空木箱扔在院中。成都和平解放后，刘家人将箱子捡回继续使用并带到北京，一直使用到捐赠时。

投身新中国建设

该单元介绍了新中国成立后，刘文辉制定了三条自我激励的箴言"彻底否定过去，全部肯定现在，坚决相信未来"。他先后担任了西南军政委员会副主席、四川省政协副主席、国家林业部部长、全国人大常委、全国政协常委等职，积极为新中国建设献言献策，投入到统一战线和社会主义建设中。晚年时，还始终不渝地为实现祖国统一而奔

刘文辉著《走到人民阵营的历史道路》（刘春明　摄影）

119

走呼吁。

展出的重要文物有：刘文辉任西南行政委员会副主席的任命书（复制件）；刘文辉任国防委员的任命书（复制件）；刘文辉工作笔记；1960年刘文辉在政协第三届全国委员会常务委员会第十次会议的报告；刘文辉"新春寄语"谈话稿；1960年《人民日报》刊登的《大跃进中的林业建设——林业部部长刘文辉的发言》；刘文辉"新春感言"谈话稿；刘文辉著《走到人民阵营的历史道路》；刘文辉参加全国人大、全国政协有关会议的文件夹；刘文辉生前使用的皮鞋、袜子、呢帽等。其中刘文辉的"新春寄语"谈话稿，是1974年春节前夕，长子刘元彦为父亲刘文辉抄写的稿子，由刘文辉在医院发表对台录音谈话，再由中央人民广播电台在对台节目中播放的。

五、安仁故居的保护利用

蔡星明

加强保护

新中国成立后，刘文辉把安仁的故居捐赠给国家。60多年来，在各级政府部门的关心支持下，故居得到了有效的保护，至今完整、完好。

进入20世纪90年代，由于新、老公馆年久失修，陆续出现了白蚁繁殖、排水不畅、危房增多、电线老化以及消防设施严重不足等问题。1990年11月2日，中央人民广播电台记者王大敏撰写的《内参》第166期《地主庄园及大型泥塑"收租院"亟待抢救保护》送到了相关部门和领导手中，引起高度重视。时任中共中央政治局常委李瑞环、中共四川省委书记杨汝岱、副书记聂荣贵、副省长韩邦彦、成都市人大常委会主任胡懋洲、成都市人民政府常务副市长黄寅逵等先后做出批示，要求高度重视，制定抢救保护方案。1991年7月，成都市人民政府成立了"抢救保护省级文物保护单位大邑地主庄园协调领导小组"，由副市长贺大经任组长，市、县相关部门作为领导小组成员单位参加制定保护方案。1992年1月31日，时任四川省副省长韩邦彦率省、市、县27个部门负责人在地主庄园陈列馆现场办公，通过了抢救保护大邑地主庄园的一个总体保护规划，以及泥塑"收租院"保护、消防设施、白蚁防治、道路整治、防洪排水、危房整治、园林绿化、民房拆迁、旅游景点设置等9个专项保护方案。国家计划委员会（现为国家发展和改革委员会）、国家文物局，四川省财政厅、文化厅，成都市财政局、文化局、大邑县人民政府先后拨款，对地主庄园进行抢救保护。

121

从1995年起，先后对刘文辉故居进行了全面的保护和整治，维修危房、整治白蚁、铺设地下排水管道、铺设消防供水管道、调整绿化、整治道路等，使刘文辉故居得到了有效保护。

刘文辉故居作为刘氏庄园的组成部分，1980年7月，被定为四川省文物保护单位。1996年11月，作为"近现代重要史迹及代表性建筑"，被国务院公布为第四批全国重点文物保护单位。2000年，世界旅游组织在编制《四川省旅游发展总体规划》时，对刘氏庄园给予了很高的评价，认为"庄园从乡村和农业的角度，在视觉上，向人们展示当年中国的历史，刘氏庄园由刘文彩庄园、刘文辉庄园组成，表现了那个时代的人际关系，房屋、周围的农业环境和安仁镇的这个村落……其规模也足以说明它是文化资源保护的优秀范例"。

有效利用

从20世纪50年代至今，刘文辉故居在不同的历史时期，都得到了有效利用。

1. 军队和地方先后使用。20世纪50年代初，刘文辉故居收归国有后，划归中国人民解放军西藏军区。当时安仁镇的20余个公馆包括刘文辉故居在内都由部队接管，作为西藏军区干部培训学校所在地。干部培训学校的校本部设在刘元瑄公馆，培训人员最多时有近万人，学校办有军事、政治、文化提高等不同的班次。部队在刘文辉故居大门外，曾修建了一个占地80亩的操场，作为官兵集训的场所。当时，西南军政委员会领导以及西藏军区领导如刘伯承、邓小平、余秋里、张国华、谭冠三、陈明义等在视察西藏军区干部培训学校时，曾到刘文辉故居看望部队官兵。到了20世纪50年代后期，西藏军区干部培训学校迁移后，公馆移交大邑地主庄园陈列馆管理，但陈列馆一直没有使用，曾作为部队新兵训练、安仁粮站春收粮食的临时场所，办过师范学校、办过培养乡村干部的"红专学校"。这一时期，原部队修建的操场逐步恢复为农田。

2. 辟为阶级教育场所。1963年上半年，中共四川省委办公室、温江地委办公室、大邑县委办公室共同签署意见，同意将刘文辉故居移交四川省档案馆作为馆址。1963年，毛泽东在中央工作会议上，作出了"阶级斗争，一抓就灵"的指示，号召全党"千万不要忘记阶级斗争"。在阶级斗争为纲的形势下，大邑地主庄园陈列馆决定调整扩大展览内容，方案是把大部分扩大的展览内容移至刘文辉故居。中共四川省委领导同意了陈列馆的意见，刘文辉故居仍由大邑地主庄园陈列馆管理使用，用于阶级教育展览的陈列展出内容。1964年，刘文彩公馆除保留第一部分"序馆"和第二部分"刘文彩腐朽生活现场复原"以及"水牢"、收租院现场外，第三部分"刘文彩剥削压迫劳动人民的手段"、第四部分"农民的反抗斗争"、第五部分"千万不要忘记阶级斗争"移至刘文辉故居。第三、第四、第五部分主要是雕塑、图表和文字。1964年国庆节展览正式对外展出。

1975年至1978年，地主庄园陈列馆成为四川广汉、新津、彭山等飞行学院的阶级教育基地，刚招收的飞行员一律到地主庄园陈列馆接受阶级斗争教育和劳动锻炼。新学员食宿在刘文辉故居，白天除参观学习外，还组织参加地主庄园陈列馆和安仁街上的义务劳动。

3. 探索"以文养文"。1980年，大邑地主庄园陈列馆对刘文辉故居北部公馆的三个庭院进行维修，向观众开放，同时展出余中英、吴一峰、朱佩君、赵蕴玉、岑学恭、冯建吴等四川名家书画。南部公馆的第二、第三个庭院供职工居住。改革开放后的1981年至1983年，大邑地主庄园陈列馆为探索"以文养文"的路子，在刘文辉故居与相关单位联合举办了成都市动物园的动物展、蛇展、服装展销、四川曲艺演出、驯兽表演、气功表演、电影放映等。

4. 建为川西民俗博物馆。1987年，大邑地主庄园陈列馆为了弘扬民间传统文化，针对川西平原没有一处

大型泥塑"收租院"

民俗博物馆的现状，提出将刘文辉故居北部三个院落书画拆除，利用房屋现场举办川西民俗陈列。此项工作得到了四川省文化厅的大力支持，地主庄园陈列馆派出有关人员与四川大学历史系师生一起赴崇庆县、新津县、邛崃县进行采访调查，收集了大量的民俗事项。同时，地主庄园陈列馆派出有关工作人员奔赴民间，走村串户，收集民俗实物。1988年12月26日，川西民俗博物馆正式开馆。该馆展出文物展品1900余件，分为婚俗厅、生产生活用具厅、民间工艺和民间文化厅三个单元。

婚俗厅。该厅的花轿、仪仗、拜堂、洞房以及配套的陈设颇具风情，显现出旧时婚俗讲究排场、铺张和堂皇等特点。同时陈列送亲、拜堂两台雕塑，并配有唱拜喜词和婚礼音乐录音，生动地再现了20世纪初川西一户中产人家婚娶场面。另外还陈列有童养媳、守贞两台雕塑，表现了封建社会不合理婚姻对妇女的束缚和压迫。

生产生活用具厅。陈列品包括各种旧式农具，粮食加工、纺织、渔猎、交通工具和各式各样的灯具、烟具、扇子、"文房四宝"等日常生活用品和文化用品，同时配以表现当时人们生产劳动和生活的组画。其中，巨幅工笔画《川西风情》以精细的笔法，细致而生动的描绘，表现了川西的风土人情和当时人民的生活状况，被人们誉为"近代川西的《清明上河图》"。

民间工艺和民间文化厅。陈列品包括川西各市、县流行的各式刺绣、竹编、草编、棕编、蜀锦、剪纸、雕刻、泥塑、民间玩具等，另有皮影戏《唐僧取经》、木偶戏《白蛇传》场景和川剧《铡美案》、谐剧艺术、四川清音艺人雕塑各一台。

川西民俗博物馆的整体展出，全面而生动地再现了民国初年川西地区的民俗风情和川西人民的生产、生活习俗以及当时人们丰富、淳朴的文化生活和种类繁多、颇具特色的民间工艺。该馆以其内容丰富，展出形式新颖别致，而受到广大观众的欢迎和好评。

2010年，该馆址因举办刘文辉旧居陈列，川西民俗馆展览被拆除。

124

5. 辟为电影传奇馆。2012年10月30日，中央电视台著名节目主持人崔永元的"电影传奇馆"在刘文辉公馆开馆。"电影传奇馆"是利用刘文辉故居南部的一、二庭院作为展馆,占地面积近5000平方米,展览内容有基本展陈、电影放映、互动休闲和电影学术研究等。该馆有1080件藏品,涵盖电影海报、放映机、摄影机、道具、剧本台本、电影衍生品等,从国外到国内,从黑白影片时期"电影的诞生"到中国电影发展鼎盛时期的"好戏连台",从享誉世界的"末代皇帝"到国人耳熟能详的"白毛女"等,分为12个不同主题。各种珍贵海报中有《泰坦尼克号》导演卡梅隆亲笔签名海报、《末代皇帝》德国版海报、《卖花女》丹麦版海报、与李小龙有关的所有电影海报。该馆还收藏有年代久远的电影票。电影道具有姜文导演电影《太阳照常升起》中的道具拖拉机,以及存世极少的原始手稿和电影胶片等。一台生产于1924年的老柯达电影放映机,距今已有近90年历史。同时,展出有著名电影人贺敬之、田华等人的签名及手迹。可以说,"电影传奇馆"的每件藏品,其背后基本上都有一个故事。

回忆与怀念

之鐘師長像贊

縶維將軍國之干城
挿軀抗敵取義成仁
簡編紀績彝鼎銘勳
遺像在堂式茲典型

劉文輝敬題

[印：劉文輝印]

《西康省政府公报》发刊词

刘文辉

最高领袖曾指示吾人："我国抗战根据，本不在沿江沿海浅狭交通之地带，乃在广大深长之内地。而西部诸省，尤为我抗战之策源地。此为长期抗战根本之方略，亦即我政府始终一贯之政策也。"审是，则西南各省中，其建制已久、规模已宏者，固应恪为斯旨，及时努力，将人力、物力充分贡献于我全国一致所从事之东亚神圣战争。其新建之省若西康省，尤当于中央及最高领袖指导之下，群策群力，急起直追，迅速完成建省使命，以应伟大国家政策之需求。而西康政府，则更宜念兹在兹，以期敏勉图功者也。

《西康省政府公报》1939
年第 1 期中刘文辉的肖像

试回溯西康近数十年之历史，其始也，国人悚于强邻逼处，边民携贰，为固圉实边计，乃有建省之谋。当时清廷曾锐意经营，领省亦以全力相助，边疆重臣，又颇具振奋精神，军事政治，因而著有相当成效。虽兴革因应，尚未妥善，然已可谓得经边之先着矣。无如继其后者，多存苟且之计，鲜顾久远之图。前功渐随，现状日非。驯至丧失之地，日蹙百里，政乱民嚣，一筹莫展，仅守残局，以延旦夕。益以国内多敌，西顾不遑，边事隳败，不绝如缕，是经边要图，本以外患之警惕而发轫者，反以内部之牵制而夫轨，言念及此，可为于邑。若中央于外患严重之际，内务纷繁之时，将久议未行之西康建省大计

129

刘文辉签字的《西康省政府公报》封面

毅然实现，并为之调整疆域，筹拨费用，务使省政臻于健全，力矫从前因循之失，则其意义之宏远，关系之深切，盖已不言可知。自兹以往，经边者责任益重，影响愈广，其一切兴革，上与抗战建国大计，下与各种地方设施，息息相关，诚不可不原始要终，折衷至当也。

文辉承乏康事，已逾十载，先后蒙中央畀以川康边防总指挥西康建省委员长诸职，历年以来，虽颇致力于斯境各项要务之整理，期于内外多事之秋，勉收靖边卫国之效。顾以环境关系，不特未如国人之殷切，亦且未达夙昔之宏愿，反躬自责，惶愧莫名。此次西康开府，百度更新，中央及最高领袖为重视边疆之故，以辉恭领康政，匪伊朝夕，经营缔造，未敢言难，遂原其不逮之功，矜其未竟之业，仍委以重任，期以应时代而产生之宏规远图。是则此后辉与经边之同人之存心行事，爱康即所以爱国，利康即所以利国，设有不当而病康误康，既无异病国误国，而于抗战建国之大计有所妨害。敢不兢兢业业以从事于新省之建设乎。

惟是西康建省，荏苒迄今，政治经济文化等要图，规模多未具备，则凡所以贯彻中央之政令，规划地方之设施，谋资源之开发，促文化之进步者，咸当斟酌尽善，乃可奏效呈功，尤期于最短期间内，使边区一切，不为国家之累而为国家之助。故辉于就职之始，即择西康目前最感切要之六大端以为经史纲领。先之以明辨，继之以笃行。有所成就，然后依时势之需要，考地方之情形，引而伸之，扩而大之。实事求是，使财力、物力、人才、时间，无一空费，无一浪耗，庶几能与国家经边之大目标渐相接进耳。本省公报之发行，即为新省设施进行之记载，其章则法令，其在必行，其计划方案，期于能举。所冀致力边事者资为考证，关心边区者加以匡扶，则区区为边为国之

發刊詞

西康省政府公報發刊詞

最高領袖嘗指示吾人：「我國抗戰根據，本不在沿江沿海淺狹交通之地帶，乃在廣大深長之內地，而西部諸省，尤爲我抗戰之策源地。此爲長期抗戰根本之方略，亦即我政府始終一貫之政策也」。審是，則西南各省中，其建制已久，規模已宏者，固應恪遵斯旨，及時努力，將人力物力充分貢獻於我全國一致所從事之東亞神聖戰爭。其新建之省若西康者，尤當於中央及 最高領袖指導之下，殫竭葷力，急起直追，迅速完成建省使命，以應國家偉大政策之需求。而西康政府，則更宜念茲在茲，以期敬勉圖功者也。

試回溯西康近數十年之歷史，其始也，國人懍於強鄰逼處，邊民攜貳，爲固圉實邊計，乃有建省之謀。當時清廷曾銳意經營，鄰省亦以全力相助，邊藏重臣，又類具振奮精神，軍事政治，因而著有相當成效。雖興革因應，尚未妥善，然已可謂得經邊之先着矣。無如繼其後者，多存苟且之計，鮮顧久遠之圖。前功漸隳，現狀日非。馴至喪師失地，日蹙百里，政亂民窮，甚襲一隅，僅守殘局，以延旦夕。益以國內多故，西顧不遑，諸事隳敗，不絕如縷。是經邊要圖，本以外患之警惕而發軔者，反以內部之牽制而失軌，言念及此，可爲於邑。若中央於外患嚴重之際，內務紛繁之時，將久滯未行之西康建省大計毅然實現，幷爲之調整疆域，籌撥費用，務使省政臻於健全，力矯從前因循之失，則其意義之宏遠，關係之深切，蓋已不言可

西康省政府公報第一期 發刊詞 一

《西康省政府公报》发刊词 –1

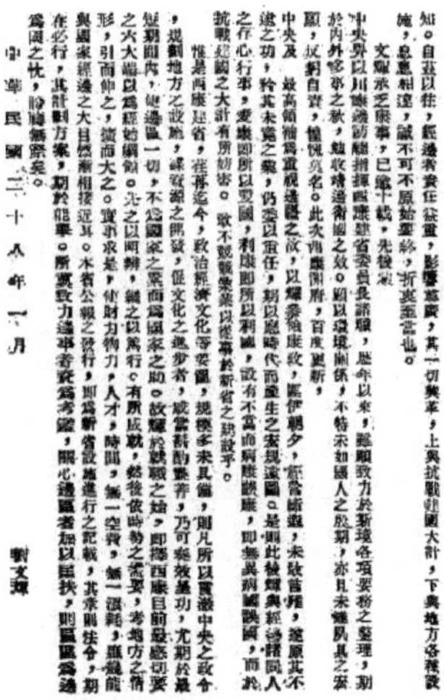

西康省政府公報第一期 發刊詞 二

知。自茲以往，經邊者責任綦重，影響甚廣，其一切興革，上與抗戰建國大計，下與地方各種設施，息息相通，誠不可不原始要終，折衷至當也。

文輝承乏康事，已逾十載，先後荷中央畀以川康邊防總指揮暨西康建省委員長諸職，歷年以來，雖期致力於新境各項要務之整理，期於內外修攘之秋，勉收靖邊衛國之效。顧以環境關係，不特未如國人之殷期，亦且未償夙具之宏願，反躬自責，愧悚莫名。此次西康開府，百度更新，中央及 最高領袖爲重視邊疆之故，以輝叅預康政，匪伊朝夕，遂原其不逮之功，矜其未竟之業，仍委以重任，期以應時代而產生之宏規遠圖。是則此後輝與經邊諸同人之存心行事，愛康即所以愛國，利康即所以利國，設有不當而病康誤康，即無異病國誤國，而於抗戰建國之大計有所妨害。敢不競競業業以從事於新省之建設乎。

惟是西康建省，荏苒迄今，政治經濟文化等要圖，規模多未具備，則凡所以貫澈中央之政令，規劃地方之設施，謀資源之開發，促文化之進步者，咸當積酌繁荐，乃可奏效善功，尤期於最短期間內，使邊區一切，不爲國家之累而爲國家之助。故輝於就職之始，即擇西康目前最感切要之六大端以爲經始綱領。先之以明辨，繼之以篤行。有所成就，然後依時勢之需要，考地方之情形，引而伸之，擴而大之。實事求是，使財力物力，人才，時間，無一空費，無一浪耗，庶幾能與國家經邊之大目標漸相接近耳。本省公報之發行，即爲新省設施進行之記載，其章則法令，期在必行，其計劃方案，期於能舉。所冀致力邊事者資爲考鑑，關心邊區者加以匡扶，則區區爲邊爲國之忱，盼禱無際矣。

中華民國二十八年一月

劉文輝

《西康省政府公报》发刊词 –2

忧，盼祷无际矣。

（原载《西康省政府公报》1939 年第 1 期）

回忆我的父亲刘文辉

刘元彦/口述　李菁/文

作为川系军阀的代表，刘文辉曾经历了军事的起起落落和政治的波谲云诡。长子刘元彦出生时，正值刘文辉军事生涯的顶峰。如今年近八旬的刘元彦在北京一座普通的居民楼里过着他安静的晚年。刘元彦退休前任人民出版社编辑，说话间眉眼总带着笑，很难想象这是一位出生军阀之家、当年曾有优裕生活的"大少爷"。

刘氏家族与川系军阀

20世纪二三十年代，刘湘和我父亲刘文辉一起构成雄踞四川的军阀势力。父亲1895年1月出生于四川大邑一农民之家，是6个兄弟中排行最小的一个。1916年，父亲在保定军校第二期读完炮科后，便回四川，开始了军人生涯。

刘氏家族的军阀源头应该从刘湘说起。刘湘的祖父跟我祖父是亲兄弟，所以从辈分上讲，我跟刘湘是同辈，父亲虽然比他还小5岁，但是刘湘的堂叔。1909年刘湘从四川速成军校毕业后，经辛亥革命、北洋军阀混战后，他逐步成为四川地区的最高统治者。

父亲在各派系军阀混战中，地位进一步上升。1929年当上了四川省主席，那时已拥有7个师、20多个旅、14万军队、81个县的地盘。而此时的刘湘任四川善后督办、21军军长，他们成为四川的主要统治者。

早期，父亲与刘湘是相互扶植的，他们联手打掉四川境内以杨森为主的其他军阀。联手灭掉了其他势力时，他们之间却慢慢对立起来。

根据父亲的谈话，我分析，他们的矛盾在于，父亲不甘于只在四川发展，他跟刘湘商量两人中一人出去打仗，另一个留在四川当后援。但刘湘自己不想出去，也不想让父亲出去。另外，父亲24军的主要将领都是保定系的，而刘湘是从四川陆军速成学堂毕业的。两人的政治意图不一样，刘湘保守些。他们与蒋介石之间的关系也不一样。父亲与蒋介石

时间：1938年；地点：康定。从左至右：长子刘元彦、次子刘元琦、刘文辉、夫人杨蕴光、长女刘元恺、次女刘元禘（摄影庄学本）

的矛盾由来已久。而刘湘当时则是支持蒋介石的。

1931年，父亲从英、日等国购进武器和飞机散件，从上海起航经万县港被刘湘扣留。二刘间矛盾于是激化到不可调和。1932年10月1日，刘湘向驻南充的父亲部队打响了第一枪，从而揭开了"二刘大战"序幕。这场叔侄之战，是四川军阀400多次战争中规模最大、时间最长的一次混战，动用兵力30余万人，四川大小军阀几乎全部卷入。这场持续近一年的战争，以父亲的战败而告终，他带着仅存的12个团从成都退到雅安。不甘就此沉沦的父亲开始筹划他的另一个领地——西康。

退守西康

西康过去被称为"川边"，是父亲过去后才建的省。西康的省会在康定，1937年我们全家从雅安迁往康定。

父亲先后娶过3个妻子。第一任是童年时订的娃娃亲周氏，因为没有生育，大伯做主，替他在老家找了第二房李夫人。李夫人因为只生了

1961年，刘文辉在颐和园。

一个女儿，脾气又不好，加之当时父亲已经开始在军事上崭露头角，需要有位"体面"的夫人对外应酬，于是1926年，大伯又替父亲找了第三位妻子，这便是我母亲杨蕴光。1928年，我出生于成都。那时我们家住在方正街头。母亲对我们兄妹管教严格，不苟言笑，所以我们家是"慈父严母"。

父亲在西康时不能向外发展，所以在西康制定了很多注重长远发展的政策，还写了《建设新西康十讲》。

抗战爆发后，刘湘的川军被蒋介石调出，部队一出川就被拆散调往各战线，刘湘和蒋介石的矛盾就尖锐起来。1938年，刘湘因病去世于武汉。刘湘去世后，蒋介石派张群继任四川省主席，实际上想控制川康。父亲联系原刘湘的下属，还有四川一些实力派人物，共同抵制。直到1940年，张群才坐上四川省主席这把交椅。

抉择

1948年春，我还在华西大学读书，已秘密加入中共地下团组织。我和地下党员都是单线联系，有一天，我的"上线"跟我说：四川地下党想跟你父亲谈一次，希望你牵个线。父亲平时起得很早，有一天只有他一个人在吃早点的时候，我寻机跟他提了此事。没想到，父亲听后很平静地同意见面，然后又说：其实我早就跟他们（共产党）联系了。

1949年9月、10月，父亲接到周恩来电报，大意说，大军行将西指，希望你积极准备，但不宜行动过早，招致不必要损失。父亲考虑再三，带了一些人在10月下旬从雅安回到成都。父亲一到成都，我们的玉沙街住宅对面就出现了一连宪兵，而且四周布有大量便衣。

1949年11月30日重庆解放，蒋介石逃到成都。第二天，蒋介石来我家访问，表面上对父亲表示尊重和友好，但突然派来大批卫队警戒，说明他内心仍对父亲有所忌惮。

12月7日一早，父亲说先回家去一趟，让我在那儿等着他，哪知等了很久不见父亲回来，却突然来了一人，说父亲已经出城，让我到南门外乡下他一个部下的家里等。我只好奉命立即出南门，我后来体会父亲这样安排的用意，是防止失利时我和他同时牺牲掉。

父亲那一天回家与邓锡侯谈话时，接到蒋介石的电话通知，要求他下午到军校。父亲向有关的人打探了一圈，得知只有他和邓锡侯接到这个命令；而且得到消息说，原来负责城防的川军当晚也全部被胡宗南的部队替换，父亲和邓锡侯感觉苗头不对，他们当即决定马上行动。

1949年12月9日，父亲与邓锡侯、潘文华联名在彭县宣布起义，得知消息后，蒋介石带着蒋经国，马上从成都凤凰山机场起飞，逃往台湾。

父亲的24军在成都武侯祠附近有一个营的驻军，消息一公布，胡宗南的部队马上打了进去，大部分官兵牺牲。胡的部队还用炮轰成都新玉沙街我们的家。他们不但将家里洗劫一空，还在撤走前，在住宅里秘密埋下大量炸药和雷管，企图等我们胜利归来后，把全家炸死。在我们还没回成都之前，有一些想趁机发财的人闯进去，结果引爆了那些雷管，造成两名卫士身亡。

最后岁月

中华人民共和国成立后，父亲先后担任过西南军政委员会副主席、四川省政协副主席等职。1959年，父亲调到北京，任林业部部长。20世纪60年代，刘文彩的"地主庄园"扩大宣传。到了北京后，国务院分配住在史家胡同，也就是荣毅仁家现在的那座四合院。1966年的一天，门口突然贴了一张大字报，上面写："刘文彩的弟弟还住这种房子！"很快引来了红卫兵抄家。

"文革"开始，父亲的身份是政协常委兼人大常委。林业部部长一职好像也无人提及，但也没有明令撤掉。父亲跟政治打了一辈子交

20世纪60年代，刘文辉任林业部部长期间在东北林区视察工人养老院（中持拐杖鼓掌者为刘文辉）。

道，平时言语很谨慎。他只是几次叹息着说："铁打的江山，就这样砸烂了！"

1972年，父亲不小心摔断了腿，1975年又被发现患了癌症。1976年1月初，刚出院的父亲得知总理去世的消息，极为伤心。不久，父亲再次住进医院，6月去世。

（原载《三联生活周刊》2007年6月总第436期）

"西南王"刘文辉20世纪30年代

处理汉藏武装冲突

刘世定

在成都的时候，家里时常有客人来。其中印象至深的是来自藏区、身穿藏袍的一行人。他们来访的时间大约是1956年。他们来时，我正在院子里玩。他们的装束引起了我的注意。在祖父把他们迎进楼后，我也跑了进去。

他们和祖父进了客厅，客厅的门关着。我虽然好奇，但也不敢擅自进去，我早被告知，大人有事的时候，小孩子是不能去"扰"的。四川话中，把捣乱叫"sao"，念第三声，和"扫把"的"扫"是一个音。这个"sao"字究竟怎么写，我拿不准，姑且写作"扰"字。不过"扰"字其实又另有念法。我还早被告知，大人的事情，小孩子是不要去问的。以后想来，这样的规矩，和祖父的政治生涯，和他在严酷的政治斗争中形成的习惯不无关系。近年读到有的政治人物后代写的回忆文章，谈到父辈如何与之谈论内部政治问题，而算其年龄尚未成年。当临此时，我内心颇有不安。

我闻到屋里有一种强烈的异味，味道是从放在厅里的几个圆鼓鼓的囊中出来的。后来我从厨师张师傅那里知道，那囊是牛肚做的，里面放的是酥油。我从小对酥油的味道并不陌生，家里设有经堂供佛，里面就点有酥油灯。但那天我觉得从囊里散发出来那股味道非常难闻。几年后在北京和父亲讲起这种感觉，他说，不可能啊，酥油是很香的，恐怕是你的嗅觉特别。的确，我的嗅觉对膻味特别敏感。直到

137

今天，我对于某些膻味食品，仍是心存顾忌。不过，那几袋东西的味道确实很特别，张厨师也是这样认为的。父亲权且接受了我的味道特别，说，他的进一步推测是，依那时的交通条件，那些客人从藏区到成都要走很多天，天气又热，可能酥油变味了。

送走客人后，祖父高兴地吩咐用客人送来的酥油做糌粑吃。第二天，全家吃了一餐糌粑。糌粑是用青稞麦炒面和着酥油捏成的饼子。这是我第一次吃这种食品。祖父吃得津津有味，显然对此颇有兴趣。而我却对那味道难以接受。我想不吃，被祖父制止了。他说，这样好的东西怎么能不吃！又说，不能择食，要养成一个习惯，有饭不论好坏都要抓紧吃饱。我只能强吃下去。

"不能择食，有饭不论好坏抓紧吃饱"这样的话，祖父说过多次。在我成人以后，一次他又向我说起这个话，并且说，过去在部队的时候行军打仗，常常刚端起饭碗就又要出发，所以有饭一定马上吃，否则就可能饿肚子。他这一说使我对他讲这个话的个人经历背景有了一些了解，这是他从"非正常的"环境中得来的一个生存经验。

小时候吃东西，一是因为饿，二是因为馋，两种情况都是为自然欲望所诱致。这次酥油糌粑吃后，我知道了，有的时候还需要"强吃"。从后来的生活经历来看，强吃虽然是很少有的情况，但只要走南闯北、跨文化交流、适应社会环境，而人们又把吃（或不吃）作为交往中相互发送的信号，那"强吃"至少对我个人来说，应是一个必备的能力。

记得1967年初，和几个中学同学一道从北京向南步行"长征"。走了一个月，到达河南兰考县。这一天，天降大雪，在雪地里走了一天，疲劳加上雪光晃眼，傍晚到达一个村子时感觉头晕。这个村子叫秦寨，是当年焦裕禄在兰考当县委书记时蹲点的贫困村之一。我们找到大队干部，被分派到各家吃饭。我和一个同学去的那家，大娘做了玉米面和红薯干粉窝窝头给我们当主食，还弄了些干白菜熬成一锅特别款待我们的"菜"。饭菜进口后，觉得里面有沙土，很牙碜，特别是款待我们的"菜"，沙子更多。那时的口腔和嗓子还没有经过粗陋食品的打磨训练，加之头晕，所以非常不想吃。但那家的大娘非常热情，不断让我们吃，盛情难却，就只能强吃。吃完出来到村中街上，冷风一吹，忍不住呕吐了。好在没有吐在大娘家里。回到北京后，有一次祖父问到我外出的见闻，我也把这段经历讲了。他听后说："对的。"

那是盛情下的强吃。也有非盛情下需要强吃的时候。1968年12月到山西省山阴县山阴城公社四里庄大队插队后不久，按照当时"忆苦思甜"的模式，我们要求村里安排了一次吃"忆苦饭"的活动。"忆苦饭"是以糠为主，加些麸子做成的团子。说是团子，其实并不能紧凑地"团"起来，只是大致捧住成一堆。"忆苦饭"吃到嘴里后，嚼来嚼去嗓子就是抗拒，不往下走，最后只能强吞硬咽。其实，当时所见和后来所闻，多数"贫下中农"把"忆苦饭"不是吃几口扔了，就是带回家喂猪了。

还有在遵从风俗下强吃的时候。1988年到新疆考察时，来到一处毡房。主人热情地做了手扒羊肉，并首先把羊头献给客人。按带领者介绍的当地习俗，首先由客人中年龄最小者割下羊耳朵吃掉，然后依年龄由小到大从羊头上切肉食之。一行人中有爱吃也有不爱吃的，但在那种情境下是不容选择的，都依俗而行。这时，我不期然地想到了小时候吃酥油糌粑的经历，心态遂变得相当从容。

上述顺便记起的几次强吃，并非是祖父所说的那种潜在饥饿威胁下的生存之道，而是社会文化约束使然。

其实我想，祖父之乐吃酥油糌粑，未必就是天生对那种食品有亲和感，很可能也有个人生活经历使偏好发生改变的因素，而在个人生活经历改变偏好的过程中，社会文化的因素很可能也发挥了不小的作用。我后来从阅读文献资料中知道，他从1928年接防西康，同年任川康边防总指挥，1935年任西康建省委员会委员长，1939年西康建省任省政府主席，直至1950年解放，在西康经营二十多年。由于西康有很大一块地区是藏区，同时和西藏比邻，因此在此期间，和藏民的关系，始终是他关注的一个重点。

　　祖父在《建设新西康十讲》中曾讲到他的治理方略，其中把康藏精神和情感的沟通放到首位：

　　"关于治边之方略，则首谋康藏精神之接近，俾化除隔阂，沟通情感，然后逐渐推行现代政治与经济设施，从事业上予以改进。"

　　祖父的这套方略，和他对西康历史的研究有关。他一个戎军之人，怎么对历史研究有了兴趣？据他陈述，这种兴趣起自1928年担任川康边防总指挥时：

　　"回忆本军接防时，仅十一县半的残破局面，由这十一县半的残破局面的刺激，使我脑海中随时深深地感觉到一个很大的疑难问题——为什么名震一时的赵季和的赫赫经边之功，会一败至此呢？然则，威服政策之不足恃吗？假定不足恃，试问又有什么妥善的办法呢？我的这个疑难扩而充之，推而广之，竟引起我从历史上去研究整个经边政策的兴趣。"

　　清末西康由治致乱的历史教训是祖父特别予以重视的。光绪三十年（即公元1904年——编者注），英军攻入拉萨以后，清朝政府决心积极经营西康，以抵御英国势力的渗透。当时任命了赵尔丰（即赵季和）为川滇边务大臣。赵尔丰是祖父在经略西康时对其下属多次提到的人物。他认为"赵氏富有胆略，又深得清廷信任和川省接济"，内因外因配合，行改土归流之法，经营一度是卓有成效的。"前后五六年内，设治三十余县，兴学一百多所，拓地千余里，各项要政，粗具规模。"赵尔丰调任川督以后，傅华封代理川滇边务大臣，"续办改土归流，西康全局大定"。然而当四川革命发生，政府兵力分散之时，情况迅速发生变化：

　　"因赵氏过于看重武力，一味厉行威服政策，故兵力一懈，康民受藏方鼓动，即乘机起事，赵、傅两氏艰难缔造的事业，因此受到莫大打击。"

　　他谋"康藏精神之接近"、"化除隔阂"、"沟通情感"，是接受了赵尔丰"过于看重武力"、"一味厉行威服政策"的教训而提出的。

140　　作为一个靠枪杆子起家的人，注意到武力威服的限度，虽属不易，却也自然。在阅读反映祖父当初想法的文献时，使我更觉有意思的是他对族群间文化精神差异的重视。他注意到，"西康文化""相互间之差异甚大"，特别是康区藏族，"文化精神"更有其特点，而这是和宗教联系在一起的。下面是他的一段概括：

"康区藏族人民，百分之九十以上皆信奉佛教。五明以外无学术，寺庙以外无学校，喇嘛以外无教师，所谓文化，即是佛化。其人民精神与物质生活悉受佛法之洗礼与熏陶，因而形成一种少欲知足的人生观，重听行而轻物欲，重未来而轻现实，生活习于固陋，鄙夷现代科学，排拒外来文化，一味守旧，不求进步。"

在他看来，这种状况从"建设新西康"的角度看，其某些方面固然需要改变，但是"如过求更张，则易滋反感"。此时他又提到赵尔丰："赵尔丰之失败，多由于此，此西康文化之特殊情形。""赵季和之经边政策的缺点，偏重武力，操之过急，是其一；忽视康藏人民之心理、宗教风俗习惯，没有在康民精神上生根，是其二。"把问题从武力运用过度追溯到不了解文化特殊性上去。

基于对西康特有文化的认识，祖父在西康建设中的教育方针上，抱持着审慎的态度。1935年7月他领衔发表的"西康建省委员会成立宣言"中所言反映出他的这种态度：

"在新陈递嬗之交，对于教育方针，慎择得宜，固不难发扬优美文化，以增进康民福利，不得其宜，固有者破坏无余，新兴者难乎为继，推其所至，诚恐利未见而害先滋"，"当本康民信仰，尊崇佛教，为精神教育，以作康民指导人生行为之原动力，而以职业教育补其生产能力之不逮，用树新省特殊文化之初基。"

祖父注意到，西康特有文化在很大程度上凝结在喇嘛身上和寺庙机构中，因此，他对喇嘛和寺庙的功能给予高度关注。对于喇嘛和寺庙在当地的作用祖父曾总结有以下八点：

一、喇嘛即为人民师表。查西康人民自识字起以至立身处世营生一切学业，皆受教于喇嘛，喇嘛以外，无他师表。

二、喇嘛即为人事顾问。康民无论公私事业，有疑难不决者，类

141

皆求喇嘛指示。喇嘛亦多具智慧，往往代为区处，恰得其宜。

三、寺庙即为文化机关。西康所有文献及一切古物古迹，类皆属诸寺庙保存，其现行之文化，是为五明文化……

四、寺庙即为信用合作社团。西康寺庙财产多由附近人民捐施积成后，由寺内随时贷与附近人民，故寺庙对于地方经济具有吐纳调剂作用。

五、寺庙即为仲裁处所。西康各寺，对于附近人民争执事项，常居调解地位，人民亦乐听受，往往重大纠纷，得所信喇嘛片言而解。

六、寺庙即为人口调节机关。康民因生活艰困，兼富出世思想，民家多子女者，例送出家，留一二人主持家务。遇有死亡，则又将所送为僧之子，召其归俗，娶妻生子如故，以保持人口平衡。

七、寺庙即为恳亲会所。西康每一寺庙所在，即为其附近人民优秀分子之集团所在。出家之后，平时既仍与家庭不断往来，保持亲谊，岁时伏腊复有种种娱乐之集会以敦一地感情。

八、寺庙即为保卫机关。凡水旱、疾疫、风雹等灾，人民例请喇嘛解救，而寺内多数具有相当武装，以备当地人民御侮之用。如遇发生毁教事变，喇嘛亦不惜舍戒，荷枪作卫教之奋斗。

刘氏故居内的佛堂

由于有对西康文化特殊性的认识，因此，祖父在牢控军权、密切注意军事动态的同时，"尊重康人的文化与宗教"，和藏族人士特别是高僧大德多有交往，并采取了一系列力求搞好汉藏关系和宗教关系的措施。如召开僧侣大会，以团结各教派的高僧大德；成立西康佛教整理委员会，以处理各教派间、寺庙间、僧侣间的纠纷；拨款修建寺庙，广发布施；对在拉萨学佛的汉僧和来康定学佛的各族人士给予经济上的照顾；通过西藏的高僧大德的关系，同拉萨政教上中层人物建立广泛联系；几度派人到西藏三大寺供养，派人到拉萨学佛。他个人也时穿喇嘛服，入寺听讲经、念经拜佛。父亲记得，小时候，祖父还带他去给喇嘛叩过头；20世纪40年代巴旺堪布还曾在我家里住过一段时间。父亲讲过，当时流传一个说法，说祖父手中一串念珠，能顶几师军队。这也可见他进入当地社会之深。我想，吃酥油糌粑的爱好——如果说他确实有那个爱好的话，应该是那时养成的。

　　事实上，祖父在思考以"威服政策"经边的局限性时，在20世纪30年代的若干年中，和康藏方面是发生过军事冲突的。其中重要的事件是"大白事件"、"诺那之变"、"再复失地"、"甘孜事件"。下面简述之。

　　所谓"大白"是指甘孜县的大金寺、白利村两地。1930年5月，大金寺与白利土司发生冲突，祖父所部（以下简称川康军）前往调处。调处中与大金寺方武装相持于白利，并于8月30日发生战事。战事发生后，达赖向中央政府发电要求制止川康军前进，中央于是令川康军停攻，静候中央派遣专员处理。1931年2月9日，趁川康军弛懈，藏军和大金寺武装发起猛攻。川康军后撤，藏军占领甘孜、瞻化及理化县的穷坝、霞坝两区。6月，中央特派员到达康定，向中央政府力主藏方撤兵回原防地后再调解大白事件。而藏方则电中央政府强调"甘、瞻原属藏地，应由藏军占领"，拒绝撤兵。"九·一八"事变发生后，中央政府电告特派员"国难方殷，对藏亟宜亲善，甘事从速和解"，特派员遂与藏方订下祖父视为"屈辱的停战条件"。祖父得到通知后表示不敢苟同。至12月，蒙藏委员会改组，石青阳任委员长后电告特

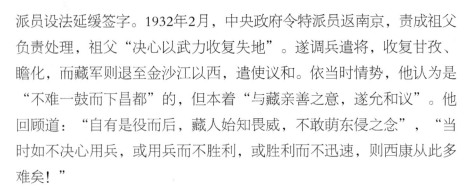

派员设法延缓签字。1932年2月，中央政府令特派员返南京，责成祖父负责处理，祖父"决心以武力收复失地"。遂调兵遣将，收复甘孜、瞻化，而藏军则退至金沙江以西，遣使议和。依当时情势，他认为是"不难一鼓而下昌都"的，但本着"与藏亲善之意，遂允和议"。他回顾道："自有是役而后，藏人始知畏威，不敢萌东侵之念"，"当时如不决心用兵，或用兵而不胜利，或胜利而不迅速，则西康从此多难矣！"

"诺那之变"中的主角诺那曾任西康建省委员会委员。1935年，蒋介石到成都任命他为西康宣慰使。8月，诺那到康定后，借组织抵御红军事务大力鼓动康人治康。10月进驻道孚后，发动事变，攻上瞻，占营官寨，进据瞻化、甘孜、德格、邓柯，各县县长多被杀。因为打着中央支持的旗号，所以一时没有遇到抵抗。当事变由康北波及康南，康南驻军发觉其行动异常，电询总指挥部得令后，出击诺那武装，事件很快得以平息。

"再复失地"事件发生于1936年。据祖父所述，起因于进"剿"红军的"青海军进驻邓、德、白、石四县，因军纪不良，颇失人心"，德格土司遂联合藏军于9月东渡金沙江袭击青海军。青海军队败退回青海后，四县为藏军占领。祖父在致电藏方责其违法渡江，电请中央政府要藏军撤退的同时，派兵施以武力压迫。藏军见势撤退，四县被收复。此后，"金沙江以东十九县，才算全部安定。藏兵退后，并派代表来康定通好，康藏关系，反而因此逐渐好转"。祖父认为，"此次收复失地，兵不血刃，与'大白事件'之军事胜利，使藏人为我军声威所震慑，确有莫大之关系"。

"甘孜事件"发生在1939年。事件相当复杂，这里不细考其史实，只叙祖父当时的态度。他得到的情报是，在甘孜发动变乱的班禅行辕有卫队三连为骨干，持有比较犀利的武器，并"诱胁乱民"两千左右。他认为此事与诺那之变同出一辙：都是借中央名义，都是鼓动康人治康。他的态度是，"一面以为这个问题相当严重，一面认为削平此变乱确有把握"。何以有把握？他提出三点：其一，建省以来

"比较从前一年一年地有进步，有实惠与民，一般民众对政府已有信心"；其二，"各地高僧大德及土司头人对我个人的信念，亦与日俱增"，不为煽惑；其三，有适当的处理办法。他的办法是三个：（1）向民众宣示，以正视听；（2）调兵挟制，不使蔓延；（3）运用土司头人和喇嘛的协助。军队进入甘孜后，事件很快平息。从"事变"发生到军队进入甘孜，为时不到两个月。

以上几个事件，都借助了军事行动才得以解决。不过，从这些事件的解决中，祖父并没有简单得出经边只有威服的结论，而是进一步看到威服的局限，并从事件的解决中看到尊重康藏人民宗教习俗的作用。他说：经过几次事变"使我对'蛮夷之人，畏威不怀德'和'非我族类，其心必异'这一类历代相传的旧观念，发生动摇了。而我经边的新理想，也可以说得到初步试验的成功"。

他认为："威服政策，纵然得到一时成功，转瞬就会一败涂地，功亏一篑。为了根绝循环报复心理与行为，为了树立边务千年大计，所以我才确定以德化政策来代替威服政策。"

除了以"德化"政策来代替"威服"政策，他还提出以"同化"政策来代替"分化"政策，以"进化"政策来代替"羁縻"政策。这"三化"构成了他的经边政策思想。

从祖父对其经边思想形成过程的讲述中可以看到，这些思想主要形成于对历史经验的总结和自己在经边实践中的探索，同时也还受到西方传教士在中国活动的启发。他谈道：

我还记得有个事实的刺激，启发了我的思想。据我考察所得，西人也有传教至夷巢里面去的，为夷人改善生活礼俗，并用英文字母将夷语译成文字，而夷人不特不仇视西人，而反尊重西人如父母一般，问其祖国，甚有说是英伦者，有说是伦敦者。我从这个事实当中，启发出三个要点：（一）不患边民之"不怀德"，而患我之"无德可怀"；（二）不患边民之不与我"同一"，而患我之不去"化"；（三）不变边民为国民，边民可能为他国之民；不变边土为国土，边土可能变成他国之土。

回忆与怀念

在那段时间中，不仅西康藏区，就是西藏方面，对祖父也是比较熟悉的。2002年，我工作所在的北京大学社会学人类学研究所培养的第一个藏族博士研究生丹增（马戎教授是其导师）将临毕业，举行博士学位论文答辩时，答辩委员会成员之一是前西藏自治区主席时任藏学中心主任的多吉才让。休息闲聊，他和我说，当年西藏上层对祖父很熟悉，阿沛·阿旺晋美回忆西藏和平解放谈判经历时曾谈到祖父当时所发挥的微妙作用。我后来找来阿沛·阿旺晋美的文章，读到这样一段：

"1951年春，西藏和平谈判代表团到达重庆，受到贺龙、刘文辉等人的热烈欢迎。刘文辉，是西藏比较熟悉的人物。这时，金中悄悄对我说：'共产党对这样一个大地主、大军阀，不仅没怎么着他，相反，还给这样高的地位，让他讲话，致欢迎词，共产党的政策并不像谣传的那样。'我听了点点头。"

看来，祖父起到了一个信号（对西藏方面来说是积极的信号）作用。

听父亲说，祖父曾谈起，他在西南时曾提醒中共领导人，宗教在西藏的影响和内地是非常不同的，所以对西藏事务处理要特别注意宗教的影响。反应如何？我未曾听祖父谈起过。

1959年夏秋，祖父调任北京，不仅在言论上，而且在空间上远离了那块地区。

（原载凤凰读书网，摘自《寻常往事》，新星出版社，2009年7月版）

刘文辉与日库活佛

郑杏

日库活佛是木雅地区日库寺（康定县最大的藏传佛教萨迦派寺庙）活佛，法名为觉麦秋吉俄日。佛学造诣深厚，对佛教界内部纷争一贯主张合作求改进，本着佛家慈悲为怀，把国宁民乐作为最大善果。凡地方出现矛盾，积极劝解，处理问题公平正义，在群众中极负盛名。在刘文辉主政西康时期，多次帮助其化解危机。

"二刘之战"以后，刘文辉败退西康，只剩下两个残缺不全的师，要想控制西康单凭武力几乎不可能。刘文辉深知藏传佛教对康人影响的深远和对西康长治久安的关键作用。在总结赵尔丰改土归流经验之后，得出其不足之一便是"对于宗教之隔阂"，不得人心，激起了康人强烈反抗，以致寺庙和土司势力的卷土重来。依据当时刘文辉的政治实力，用藏传佛教来稳定局势是其主要施政策略。在对西康分区（康定区、雅安区、西昌区）进行管理、统一军政方面采取的主要措施就是"加强同藏族中上层人士的联系"，提出"护教"口号，以民族团结为西康省的基本政策。

刘文辉与佛教的渊源，最早可追溯至驻防泸州的时候，拜号称神仙的刘从云为师，法号"玉猷"。刘文辉接管西康后，接触到藏传佛教，不但在家中设立经堂，还聘有经师，接受了康北极具影响力的炉霍寿灵寺寺主、四世格聪呼图克图格勒郎加活佛的灌顶传经。驻在康定期间，无论家居、外出，皆手持念珠。并在康定的公馆内，布置了一个富丽堂皇的小经堂，除其本人临睡前静坐诵经外常请大德喇嘛为他礼佛诵经。在刘文辉本人的带动下，西康各级官员对藏传佛教大多

刘文辉（前排中）与伍培英（前排右3）接见西康当地民族宗教界上层人士。

带有敬意。其本人及下属对宗教的敬意在康区争取了民心，获得了宗教界的一致认可和支持，为刘文辉的治理铺平了道路。

1938年，本着"沟通汉藏文化，融合康地政教，团结人心，巩固后防"的目的，刘文辉决定于康定成立"五明学院"，又名"西陲佛学院"，用以研究佛经。1942年设立"西康省佛教整理委员会"，成员主要为各地高僧大德，以处理各教派间、寺庙间、僧俗间的纠纷，减少了施政的障碍。自建省前夕到建省后，西康地区民族宗教上层人士，均被任以不同的党、政职务。为加强地方稳定，刘文辉还将康区划为四个佛教宣化区，委任有影响的宗教领袖人物为"宣化师"、"辅教师"，这些宗教人士不但扩大了刘文辉的影响力，而且为辅助地方军政，稳定社会秩序起到了积极的作用。西康地区的宗教人士、高僧大德为刘文辉献计献策，为地方稳定和民族团结做出了一定贡献。这个方面，最突出的是刘文辉与日库寺活佛觉麦秋吉俄日的关系事例。

日库活佛（1885—1956）出生于康定县炉城镇包家锅庄。五岁时被木雅区日库寺认定为转世灵童，按照仪轨举行了坐床仪式。法名为觉麦秋吉俄日。1905年赴西藏萨迦寺修习佛法，考取了萨迦派最高的"左然巴"学位。由于他维护祖国统一，反对分裂，在1913年西藏地方政府亲英势力掀起的"驱汉"活动中被驱逐，被迫中断学佛，回到日库寺主持佛事，并在钻研佛学的同时，研究藏医藏药，为群众治病。随着清朝覆灭，国内政局动荡，康区渐渐形成了行政权力的真空状态，人民生活动荡，社会治安混乱。西康民众对改良康区政治抱有期待，自刘文辉入主西康后，围绕"化边地为腹地，奠定西陲国防"的总方针，在西康地区各个方面进行有效治理，这与康区民众的政治需求一致。尤其是在宗教上"因势利导，力谋政教协调，僧俗合作，以纳民于轨范"的策略更是与日库活佛的佛家信条和所言所行目的一致。刘文辉初到西康，邀请专家学者对康区各个方面做了细致全面的调查研究，了解到日库寺是康区最大的萨迦派寺庙，寺主日库活佛声望较高，并且懂得汉语，方便沟通，就请他到刘公馆的经堂里诵经说法，与日库活佛沟通思想，对事务交换意见。刘文辉主政西康期间，日库活佛陆续出任第一届西康省临时参议会参议员、西康省佛教整理委员会委员，积极反映人民疾苦，沟通僧俗各界，客观上促进了西康地区的稳定和发展。

1939年年底，康北重镇甘孜发生了"甘孜事变"，直接影响了百姓的正常生活和寺院的佛事活动，引起了广大农牧民群众和僧众的强烈不满和愤慨。刘文辉深知凡涉及群众的思想信仰，若处理不好必后患无穷，为"甘孜事变"的善后伤透脑筋。日库活佛从事件伊始就献计献策，唯恐地方蒙灾。当战事爆发，他主动劝说刘文辉和平解决争端。刘文辉即委任日库活佛前往甘孜劝说双方停火谈判。到达甘孜后，日库活佛看到战事给地方造成巨大创伤，寺院僧人、当地百姓纷纷逃亡、人心惶惶，官兵趁火打劫，社会治安恶化。他一方面及时向驻军报告情况，严肃了军纪；另一方面积极走访各寺院和僧俗上层人士，本着佛家慈悲为怀，劝说各方放下怨恨、猜疑，共同善后，协助寺院恢复佛事活动。经过日库活佛艰苦的努力，甘孜地区基本恢复了正常的生产、生活，消除了地方的不稳定因素。

1944年，昌都地区察雅县扎西央恰寺的寻访组在木雅地区的甲

149

安托村，认定了罗桑单增·曲吉坚参为罗登协饶活佛的转世灵童，但是康定县沙德区古瓦寺也认定此灵童为古瓦寺转世活佛，由此两寺就寻访认定产生了争端，告到了西康省政府。刘文辉对此事深感棘手，特别是察雅寺属西藏地方政府管辖，处理不好，两大寺院对抗如若引发地方的武装械斗，牵扯到西藏地方政府，势必直接影响西康地区稳定。又延请日库活佛出面调解。日库活佛悉心听取两方意见，弄清事情原委，以宗教仪轨、佛法规善和世俗惯例开导规劝，处理意见公平合理。在整个调解过程中既坚持原则，又顾及双方的利益。主持顶佛发誓仪式，使双方尽弃前嫌，均感满意。日库活佛再次及时平息了事端，客观上促进了西康地区的稳定。

日库活佛一直为西康的和平发展殚精竭虑。1935年红军长征路过康区，红军的言行给日库活佛留下深刻的印象。当解放的洪流涌来时，他支持刘文辉起义，帮助宣传党的政策，稳定西康局势，遏制了叛乱，为西康顺利解放铺平了道路。1950年4月日库活佛在雅安见到了西康省主席廖志高和其他党政军领导，并作为康定县22个寺庙的僧俗代表向解放军表达了敬意，沟通了思想。在雅安期间，通过学习党的民族和宗教政策以及各项法令，对共产党加深了认识和了解，便立即通过信件向僧俗和群众进行宣传。回到康定后，即刻在根子夏地方召开了日库、古瓦两寺僧众及部分头人参加的会议，会上讲述了自己的所见所闻，宣传了党的民族和宗教政策，给群众指明了方向，增强了信心。这些举措让一切反动势力在康区的谣言不攻自破，为稳定百姓情绪，维护西康稳定起到了积极的社会作用，为刘文辉的弃暗投明和解放战争的胜利奉献了力量。

刘文辉对西康地区22年来的治理，在当时的社会背景下，基本保持了社会稳定，经济、教育等各方面都有所发展。刘文辉对宗教的应用和与宗教上层的沟通，客观上促进了西康地区的稳定，加强了国家的统一，增强了民族之间的认同感，主观上形成了刘文辉重要的民族理念，即"中华民族是一个"并成功应用于刘文辉的民族工作之中。刘文辉与日库活佛的关系便是这一认识的具体体现。日库活佛于1956

年12月12日因病不幸逝世，享年71岁。中共康定地委、甘孜州人民委员会、甘孜州政协的联合悼词总结了他的一生："曾为民族团结、实现区域自治付出辛勤。即将民主改革，推进藏区进步时不幸逝世。"刘文辉与日库活佛的关系对于当今地方保护与发展，民族之间的交流与融合，中华民族凝聚力的形成与巩固和宗教与社会主义协调发展的对策，都有一定的意义，值得思考和探讨。

（节选自郑杏著《刘文辉与日库活佛关系的述论》，《四川民族学院学报》，2015 年 2 月第 1 期）

【回忆与怀念】

祖父刘文辉的寻常之事

刘世定

　　我的祖父刘文辉是中国近现代史上一个不大不小的人物。他1895年1月10日（甲午年腊月十五）出生于川西平原上一个普通农家。在家乡受过家族私塾教育以后，于13岁（1908年）离家到成都考入公费的四川陆军小学读书，此后又考入西安陆军中学、北京陆军第一中学、保定军官学校第二期，1916年从保定军校毕业后回四川从军。时值辛亥革命后的动荡年代，祖父在内战中逐渐崭露头角，十年中从一个下级军官变成四川军政界的一个重要人物。他曾任国民革命军24军军长、川康边防总指挥、四川省主席、西康省主席，中华人民共和国成立后担任过西南军政委员会副主席、西南行政委员会副主席、四川省政协副主席、林业部部长等职。在其军事、政治生涯中，经历过内战、经边、反蒋、联共、起义等活动。祖父的一生曲折跌宕，可以看作中国近现代社会大转折的一个缩影。

　　虽然从书上读到过一些有关祖父的被描写得带

20世纪70年代前期，作者的祖父、祖母（中间坐者）和亲属在史家胡同家中寝室内。后排右四为作者。来源：刘世定：《祖父刘文辉的寻常之事》，《名人传记（上半月）》2010年第11期有传奇色彩的故事，但是我多年所接触到的不过是一些寻常事情。事实上，新中国成立以后，祖父就逐渐离开了政治，过上相对平静的生活。开会、会客、读书、看报、散步、休假、生病、住医院、给后辈一些关心……和那个时代的许许多多中国人一样，走他们的生活之路。即使是"文化大革命"中的抄家，也不过是和那时的一些人同样的一种经历，而且因祖父的特殊身份和得到周恩来总理的保护，他所受的冲击比其他许多人要轻得多……

从重庆戴家巷到北京史家胡同

我1951年5月出生在重庆。那时祖父、祖母、父亲、母亲，还有我的哥哥和姐姐，一家人住在重庆市内的戴家巷。我出生后一年，即1952年，父亲去了北京。1953年，母亲带着姐姐也去了北京。哥哥和我就留在祖父、祖母身边生活。那时，祖父是西南军政委员会副主席。

在重庆戴家巷时，我对祖父的记忆只是觉得他的话不多，我们玩的时候他有时在旁边看看，神闲气定。但我从来没有他逗我或哥哥玩的记忆。后来，祖父任四川省政协副主席，我和哥哥又随祖父、祖母来到了四川省会成都。

在成都，我们住在新南门外十七街三号。

在成都期间，有规律地和祖父、祖母一道进行的活动，除了吃饭之外，应首推晚饭后的"转田坝"。

晚饭后，只要天色不太晚，祖父、祖母就带上哥哥和我去"转田坝"。我们总是沿着田间的小路、田埂走去，直到暮色朦胧时，方才返转归家。

转田坝时或碰到农人和附

1948年12月，刘文辉和夫人杨蕴光抱着刚出生的长孙刘世昭在成都家。

153

在重庆戴家巷，刘文辉与作者和作者的哥哥、姐姐在一起。刘文辉怀抱者为作者。来源：刘世定：《祖父刘文辉的寻常之事》，《名人传记（上半月）》2010年第11期。

近的居民，祖父有时和他们攀谈一阵，也有人和他打招呼。有一次我听到有人称他"刘主席"，觉得好生奇怪。我们耳边听到主席二字总是和"毛"联在一起，怎么现在出来"刘主席"了？回家后，我当成个玩笑事情和祖父说："你咋个成了刘主席？"他笑笑没有回答我，只说了句："三家伙！"（我上有哥哥、姐姐，排行老三，故有此诨号。）他应该是觉得和我这种不懂事的孩子说明政治体制上的事情太麻烦了。

1959年春季，我和哥哥得知，我们将在暑假期间随祖父、祖母迁居北京，我们将和分别多年的父母、姐妹以及出生在北京的两个弟弟团聚了。1959年暑假期间，祖父、祖母携带哥哥和我离开了成都。此一去，祖父、祖母直到去世，就再也没有回去过。

祖父调北京任林业部部长后，其生活安排，直接由国务院机关事务管理局负责。迁居北京之际，国务院机关事务管理局曾提供了两套住宅由祖父选择。一套位居西城的大水车胡同，一套是东城史家胡同二十三号。最后确定在史家胡同。祖父做出这种选择，主要是出于对孙辈上学受教育的考虑：史家胡同小学是北京市乃至全国著名的小学，教学质量一流。

祖父从1959年到北京时起，直到1976年6月去世，这个院子一直是他的家。

"文革"中的祖父

到北京后，祖父一边工作，一边督促孙辈们学习，生活很平静，即便是自然灾害时期，日子也安然地度过了。可是这样的日子随着"文革"的到来结束了。

大约那年8月初，祖父接到中共中央统战部领导的电话，嘱告如果有红卫兵到家里来，不要与他们对抗。于是，祖父、祖母和全家上下都做好了被抄家的思想准备，并着手必要的清理。大客厅里悬挂的字画取了下来，把一些老照片烧掉，这些事做起来都是很容易的。比较麻烦的是家里设的经堂里那些为数不少的佛像。在"破四旧"中，砸毁佛像的事已有耳闻，祖父、祖母显然不愿意家中经堂里的佛像遭受这样的命运。考虑之下，祖父给当时的中央统战部部长徐冰挂了电话，商量是否可能将佛像送到某个安全的宗教场所，如寺院中，以免被毁坏。徐冰部长显然尊重祖父的意见，他安排将这批佛像送到雍和宫。由于事先有这样一个安排，因而在后来的数次抄家中，未曾出现在某些地方出现过的损毁佛像的事。现在想起来，徐冰部长当时能做出这样的安排是很负责的。其实，在八届十一中全会上刘少奇被批判（此后很快便被打倒）后，徐冰部长本身的政治命运也是山雨欲来——不久，他也被打倒了。

一天，家门口出现一张大字报。大字报上说，这个院子里住着刘文彩的弟弟，他这样的人，现在竟然还住着这样好的房子；这个院子里，还住着尼姑，等等。第二天，母亲刚下班回家，就有红卫兵上门（1965年以后，中央缩小了武装警卫的范围，对祖父不再配有武装警卫人员）。他们问母亲，这座房子是谁的？母

1959年，刘文辉调任林业部部长前，在成都的居所新南门外十七街三号与夫人杨蕴光、孙儿刘世昭、刘世定合影。

亲告诉他们，房子是国务院的。红卫兵们没有做什么，就走了。这件事，使家里人意识到，抄家随时可能发生。

一天晚上，我刚刚入睡，就被父母喊醒，说红卫兵来了。大客厅里灯火通明，祖父、祖母、父亲已经坐在沙发上，周围有一些红卫兵，有的坐着，有的站着。我们到了以后，也都坐在那里。

一个领头的高个红卫兵对祖父说，我们是二十五中和女十二中的红卫兵，今天是来采取革命行动的。

另一个红卫兵对祖父说，你的历史我们都是清楚的。我们知道，1949年，你采取了起义行动，今天，我们希望你再采取一次起义行动，把你们的财产都主动交还给人民。

祖父示意祖母带红卫兵去取。

对祖父、祖母交出的财产，红卫兵们一一登记。

然后，他们又到各个寝室打开柜子搜查。"你们哪里来的军帽？！"一个红卫兵拿出一顶有"八一"五角星的军帽质问我和哥哥，似有要没收的架势。"那是祖父起义时留下的，作纪念的，不要拿走。"我们回答。帽子被放回去了。

搜查结果，没有再发现什么。红卫兵撤了。

红卫兵走后，祖父向我们简单讲述了我们到客厅去以前的情况：祖父听到外面有动静，就出来到院子里查看。这时，正好碰到几个红卫兵迎面过来。"这里有个老头！"有一个人喊起来。顿时，祖父被围住。"你是不是刘文辉？"有人问。"我就是。"祖父回答。随后，就进到屋里……

在这批中学红卫兵抄家后的几天，又来了一批北京工业学院的红卫兵。

这次抄家中，抄出了还没有来得及送到雍和宫的唐卡以及经堂中的其他器物。当时，家里人以及国务院机关事务管理局的工作人员都向红卫兵说明，这些物品经过和统战部联系，是准备送到雍和宫去的，佛像已经送走，这些是尚未送走的部分。这样，由祖父的司机开车，装上经堂器物，带上两个红卫兵，前往雍和宫。

这批红卫兵在家里的活动持续了两三天。

在这种不时发生的搅扰中，年过古稀、本来心脏状况就不太好的祖父更感觉身体不好，但并没有去医院。

这种来来去去的过程大约持续了一周，家中只要是没贴封条还能打开的柜子、抽屉都被打开来翻过，搞得乱糟糟的。

我听到他们几个红卫兵领导议论说（他们并未避讳我在场），这样下去不行。于是，他们向祖父提出，一起到国务院接待站去。祖父同意了。我和他们一起走到前院的车库。临走，一个四方脸宽肩的红卫兵回头说："你们放心。"两个红卫兵和祖父一起上车去了。

过了一阵，祖父的轿车载着两个红卫兵回来，车上却没有祖父。回来的红卫兵说，祖父生病住院了。这些红卫兵撤走的时候，领头的留下了联系电话，交代说，有什么事情可以找他们，并且说，他们在我家对面的"少年之家"活动站中设了联络处。

祖父没有回来，我心里略微觉得有些不安，但从北京工业学院那些红卫兵的举动中，我直觉到没有出什么大问题。我可以感觉到，祖母、父亲、母亲的心情也有些忐忑，不过，谁也没有说出来。大家都在等待消息。

晚上，接到祖父打到家里来的电话，说他在医院很好，至于住的是哪家医院，他也还没有搞清楚。接到电话，全家上下都放心了。在家里的人，都和祖父说了几句话。以后，祖父每天都打电话回来。祖父在医院一直住到9月15日到天安门参加毛泽东主席接见红卫兵的活动。这次活动后就回到了家中。祖父回家后说，估计住的是三〇一医院。

祖父出生于动荡的年代，他前往西安上陆军中学的1911年，正值辛亥革命爆发。从他的青年时代到壮年时代，学生运动多有发生，他对此并不陌生。对于学生运动，他还多有积极评价。抄家的事，也并非第一次遭遇。成都的家和大邑的老家，在起义后被胡宗南部队相当彻底地抄过。成都的家，抄过后还暗布了许多雷管。在胡宗南部队撤出成都、共产党的部队还没有进入的权力"真空"期间，有趁火打劫的小偷溜进家里，不料运气不好，踩中雷管引爆，连人带一座楼都被炸飞了。至于财产，在祖父决心走到共产党阵营中来以后，便已做好交出的准备。田产、房产在50年代早已上交国家，留下的一些动产，如果政府认为需要交出，交出就是了。在这个方面，祖父是早已想清楚了的。

在几十年中，祖父都是在刀尖锋口上行走的人，风风雨雨已成生活中的一部分。有两次，他面临是否携财产到海外作赋闲寓公的选择：一次是在30年代初期反蒋失败以后；一次是在新中国成立前夕。但这两次可能的选择，都被他否定了。他是那样一种性格的人：自己既然做出了选择，那么选择所带来的兴衰荣辱自己就必须承担——这是选择题的应有之义。

我从未听他抱怨过任何人和事，抄家以后也是这样。祖父回家后，不知从哪个部门又安排来一个非武装警察，住在前院的传达室里，以加强保卫。那时，针对共产党外人士的抄家风潮已经过去，此后也没有红卫兵再兴师上门。

祖父本来就很少自己上街，只是偶尔到史家胡同西口的东风理发店理个发。抄家后，就更不出门了，理发的工作就由我来承担。祖父从上军校时起，直到晚年，一直保持着当时军旅生活的习惯——理光头。所以，对我也没有什么样式上的要求，只要理光就可以。

当时，我既无可能参加红卫兵，也无兴趣参加学校批斗校领导、老师的行动，遂采取了"逍遥"态度。随着"文化大革命"的斗争目标越来越集中于共产党内的领导，祖父以及这个家也不再被注意。加之祖父还不时出席一些有毛泽东主席、周恩来总理出场的活动，名字在报纸上不时出现，史家胡同二十三号由8月的革命闹市变成了闹中取静的地方。

祖父为我给周总理写信

1971年发生了很多重要的政治事件，这对上山下乡知识青年的影响很大，不仅在思想上，而且也随着此后的某些人事和政策调整而影响到他们的生活。针对知青的招工逐渐有了，推荐上学的少量机会也出现了。这些变化，使知青们有了新的选择的可能。

我在这些新的可能面前，做了两种准备：一方面试图把握新的机会，找到新的生活方向；另一方面，在没有机会的时候，像往常那样，该做什么做什么。

那时，我最想得到的机会是上学，但那又谈何容易。考试制度被取消后还没有恢复，能上不能上，是依靠地方的推荐。争取被推荐的竞争十分激烈，我的条件没有优势。

为招工和上学这类事情，我曾到插队所在地山阴县的知识青年办公室去谈过。那里的办事人员曾好心地对我说："你这种情况，没有上面说话，下面很难办。"看来这是大实话。

父亲了解到这些情况以后，暗暗着急。他和祖父谈了我的情况，探讨是否可能由祖父给周总理写一封信，从"上面"解决问题。大约是1973年到1974年间，祖父专门为我给周总理写了一封信。大意是说，我的孙子刘世定到农村插队已经多年，在那里锻炼、学习，有不少收获。现在，插队知青已经有了被招工、被推荐上大学的机会，我希望，他也能够得到这样的机会。

后来，我听对县知青办公室比较熟悉的同学说，县知青办公室接到雁北地区知青办公室的电话，问是否有一个叫刘世定的知青，说周总理对我的情况有一个批示。我便写信去问父亲，父亲回信说，总理在看到祖父的信以后做了一个批示，大意是，对刘文辉的孙子，应该和其他人一样，以个人表现为标准，不能因为是刘文辉的孙子，而在招工、上学等方面予以拒绝。

1974年冬，大同铁路分局到山阴县知青中招工，我报了名。这次我十分顺利地被录取了，分配到朔县车务段。12月24日，我离开四里庄，距离我到这里插队时整整六年。

"我自己可以"

1972年11月底，我回到北京时得知，祖父前些时候在卫生间滑

159

倒，导致胯部骨折，随即送医院治疗。因为怕我担心，所以家里没有写信告诉我。我见到祖父的时候，他的骨头已经接好，腿上的石膏已经拆除了，但是，行动还不便，特别是起身时，需要人抱起来。而且，由于年龄大，躺的时间比较长，受伤那条腿的脚腕僵直，因此伤愈后重新站立时，腿脚之间不能恢复到九十度状态，行走需要人搀扶。

我和哥哥每次把祖父从床上抱起来的时候，他总是要说："我自己来。"但那是不可能做到的，我们也不能让他硬去做这样的尝试。终于有一天，祖父发火了。这是我平生见到的他唯一一次发火。

"我自己可以！"祖父大声喊道，声音大得出奇。

"你现在自己咋个可以嘛！"我说。

"在床头拴一根绳子，我自己拉着就可以起来！"他声音还很大，激动之中，居然还提出一个方案。

"你这个床头，连拴绳子的地方也没有。房梁上，你看，哪里能拴？咋个拴绳子嘛？你这个想法根本不现实。"我说。

祖父不说话了。

一会儿，他说了句："唉，我是不想耽搁你们。"

其实，祖父是个极好强的人。或者是出于天性，或者是受"齐家、治国、平天下"的传统文化的影响，或者是当统领时间长了，祖父有这样的心理倾向：希望荫庇他人，而不愿意轻易接受他人照顾。现在，受伤了，每天需要后辈的照顾，他觉得他在"耽搁"我们，其内心的难受是可想而知的。他不是那种因得到儿孙的照顾而感到满足的一般的老年人。

他这种心理倾向不仅是对家人。我听父亲说，胡子昂先生向他说过不止一次："你父亲'有肩膀'！"他所说的"有肩膀"是指有担当的意思。胡子昂先生20世纪20年代曾在四川从事教育工作，也曾任川康边防总指挥部边务处长，后来成为四川著名的实业家，是中国民主建国会的创始人之一。不知胡老先生和祖父之间发生过什么交往，或胡老先生知道祖父的一些什么事情，使他印象如此深刻。

但好强归好强，人老了，伤了，总免不了要依靠他人帮助。祖父也只能承认现实。伤病后的祖父的好强，不再表现为不要人照顾，而是转移到顽强的身体锻炼上面。那时，祖父不仅有腿伤，而且心脏、肺部都不好，但他只要可能，每天都坚持锻炼。我回京探亲时，经常搀扶着他在大院里走圈。不久，友人给祖父找来一副四腿的行步架，祖父就可以扶着架子自行行走了。据哥哥讲，在伤后经过一段时间的恢复后，祖父给自己定的锻炼任务是每天走一千五百双步（左右各走一步为一双步），有时一口气走不下来，就喘息一阵接着再走。哥哥是在祖父腿部受伤终于承认需要专人服侍后向周总理提出，后经周总理批示从内蒙古建设兵团调回北京照顾祖父的。

我第一次听祖父感叹人之暮年是在此前的一次住院中。那次祖父似乎是因肺炎发烧住在北京医院治疗。在身体感觉好转之后，祖父问护士，还有什么人住在附近病房中。当听说梁思成先生也在这里住院的时候，祖父就要我陪同他一起去探望。

走进梁先生的病房，只见他躺在那里，十分疲惫的样子。见祖父进来，梁先生就想说话，但病躯残喘，说几个字，就要停下来喘几口气。而越是这样，梁先生眼睛中就越深含着要交流的愿望。祖父见他说话如此困难，嘱他好生休养，不要着急，就告辞了。

回到病房，祖父说："人都有暮年啊！当年好有才华的一个人！"

有一年冬天祖父住院期间，我正在读马克思的《资本论》，陪住时，我把书带上，祖父休息时，我就阅读。一天，祖父靠在床上，看我在椅子上摆了那砖头似的大部头书，让我把书给他看看。我说："这本书读起来很费脑筋的，你还要看啊？"

"我就是要练练脑筋。"祖父回答。我知道，他是一贯主张通过读书来锻炼脑力的，于是把书递给他。祖父读了一会儿，大概是测试脑力完毕，就把书还我了。

这一情景，恰好被从病房外走过的吴院长从窗户中看到了，后来，吴院长来查房的时候，对祖父说："我看您生病还在坚持学习马列著作，要注意休息啊！"说得祖父和我都不觉一怔，随即都笑

161

起来。

"那一代人过去了"

我最后一次见到祖父的时间已经记不准确了，大约是在祖父去世前半年。记得一天上午，我到祖父房间里的时候，阳光正从窗外照进来，祖父坐在椅子上，面容消瘦，但皮肤看上去很光洁。那种光洁是我多年来未曾见到过的。我顿时产生了一种不祥的预感，想到了"回光返照"四个字。当然，我没有说出来。

祖父检查出患有肺癌是在1975 年，那是在北京医院住院的时候。哥哥回忆说，他在医院陪住时，看到每天检查痰，化验单上写着"CA"，虽然不懂什么意思，但心里犯疑。有一次看到化验单上出现"癌"字，便清楚了。祖父当时的身体已经相当虚弱，心脏和肺功能都不好。医生从他的身体状况着眼，认为不适合做手术，也不适合从事化疗、放疗之类需要较好身体才能承受的治疗，只能采用保守疗法——在很大程度上顺其自然。祖父和家里人都认为医生的判断是正确的。医生还告诉我们，肺癌有不同的类型，有的发展很快，短期内就会迅速扩散，有一些则发展缓慢，可能还等不到扩散，病人就因其他方面的疾病或功能衰竭而逝去；有时，病人身体不好反而可能使癌症扩散较慢。我记得是吴院长和父亲谈的，谈时我在场。所有这些都没有瞒着祖父。

祖父所患癌症发展比较缓慢。但是我们都知道，那一天总是会到来的。其实，这也不是什么可怕的信息。我在1976年6月23日接到家里拍来的电报："祖父病危，速归。"我那时在大同铁路分局韩家岭车站当扳道工。我算了一下，从韩家岭到北京最快也要一天多时间，不由暗暗叫苦。

我有一种感觉：我如果迅即到达祖父身边，或许还能使他的生命延缓一刻，但现在的客观条件使我的行程如此拖延，肯定是不能和祖父相见了。天意如此，人力奈何！

162　　　　到家门口了。按铃。司机老黄开门，见到我以后说："已去了。"我回答："知道了。谢谢！"

见到父亲，他说，祖父已经于6月24日去世。在安徽的堂叔和婶婶也刚来，我们一起到医院去看看。

我来到祖母房间。祖母一下子老了许多。她坐在那里，我们半天没有说话。

祖父去世以后，祖母迅速老化，原本非常健康的身体也日渐衰弱。她曾十分悲伤地说过一句令我意外的话："总理去世了，朱老总去世了，你们爷爷也去世了，那一代人过去了！""那一代人过去了！"怀着这样的心境，人怎能不老！祖母于1982年12月去世。

我后来向陪住在祖父身旁的哥哥问起祖父去世前的情形。哥哥说，最后两天，祖父经常处于半昏迷状态，和他说话，他似有应答，但已不清楚。但胡子昂来看他的时候，他突然醒来。胡子昂对祖父说："起义的时候，你身体很不好，我们都说你活不过六十岁，现在八十多岁，很不错呀！"祖父似乎听懂了。

那天我从山西回到家中看过祖母以后，老黄把堂叔、婶婶和我送到北京医院。在太平间，我们看到祖父的遗体。看着固化的祖父，我心中酸楚，但没有流泪。祖父现在如同一尊雕像。生与死，人与他物，相隔竟是如此近。

我脑海中不禁浮现出《庄子》中的几句话："察其始而本无生……今又变而之死，是相与为春秋冬夏四时行也。"

生者驰驱天地之间，死者"偃然寝于巨室"。

……

几天以后，中央为祖父在八宝山举行了追悼会。祖父去世后不到四个月，"四人帮"倒台了。中国从此进入了一个新的巨大变迁的时代。

在这个新的时代中，出现着许多新的、不寻常的人和不寻常的事；在这个新的时代中，更出现着许多新的、寻常的人和寻常的事。这些不寻常的、寻常的人和事，融进流淌的历史之河。

这无边的长河，有时令人感受到浩大，有时令人感受到渺小。但路总是要一步一步走的。

（文章来源：刘世定：《祖父刘文辉的寻常之事》，《名人传记（上半月）》2010年第11期）

逸闻轶事

人文蔚起

大彩中學學生畢業紀念

劉文輝題

蒋介石在大陆下的最后一道命令：

炮轰刘文辉公馆

马宣伟

蒋介石对24军军长兼四川省主席刘文辉于1929年参与唐生智联名通电反对自己很不满。第二次反蒋是1930年蒋介石与冯玉祥、阎锡山展开中原大战时，刘文辉纠集川军将领通电反蒋。1949年末，蒋介石正策划与人民解放军进行"川西决战"时，刘文辉联合川军将领邓锡侯、潘文华在四川彭县率部起义，打破了蒋介石的"川西决战"计划。蒋介石被迫逃往台湾。蒋介石痛恨刘文辉一贯反对自己，特别是彭县起义，竟敢公开"投共"，勾起他的旧恨新仇，故从成都逃往台湾时，他下了在大陆的最后一道命令："炮轰刘文辉公馆！"

刘文辉识破老蒋软禁伎俩

张群奉蒋介石之命，到新玉沙街刘文辉公馆来通知刘文辉、邓锡侯与胡宗南联合办公，并派飞机送刘、邓家眷去台湾。刘文辉知道和胡宗南联合办公，就等于被蒋介石软禁起来。刘文辉为了不上蒋介石的当，和邓锡侯商定用"一推二拖"的办法来对付蒋介石。

这时，成都已是人心惶惶，前第15绥靖区副司令郭勋祺，一连两次来催刘文辉赶快离开成都，还说成都防卫总司令盛文于7日6时全面接收成都城防。刘文辉的老部下，曾任成都市市长的余中英来劝刘文辉说："刘老军，要走就赶快走啊！"蒋介石见刘文辉、邓锡侯迟迟不与胡宗南联合办公，他的"川西决战"计划就很难实现，内部都不

167

统一，怎样能抗击解放军的进攻，于是12月7日上午，蒋介石决定要对刘文辉、邓锡侯下手，通知刘、邓下午4时到军校谈话。

刘文辉、邓锡侯接到通知后，判断情况不妙，只有三十六计走为上计了。两人商定，下午离开成都到彭县组织起义。

蒋介石等刘文辉、邓锡侯，等了一下午都不见两人露面。晚上才知道刘、邓离开成都，蒋介石急派王瓒绪去劝说刘、邓回成都，刘、邓坚持不再回成都。9日上午，刘文辉的副官刘国民向军校校长张耀明报告了刘文辉策划起义的具体情况。张耀明立即向蒋介石转报。蒋介石听了自言自语地说："刘文辉果然早就准备投共。"他想到"川西决战"计划遭刘文辉破坏，气得拍桌子大骂："刘文辉毫无信义，这个反贼，我让他当了十年的西康省主席，还要叛变我，该杀！"他命胡宗南电令驻西昌的第一师向24军驻西昌的伍培英出击；命盛文指挥所部星夜开拔由成彭公路经新繁包围彭县，消灭刘、邓及潘文华的部队，并派一部消灭驻双流的刘部和灌县的邓部。傍晚，蒋介石得到张群去昆明说服卢汉同意中央政府迁云南，反被卢汉扣留的消息，使他大惊。接着又传来卢汉在昆明发出起义的通电。晚上，蒋介石约了参谋总长顾祝同、国防部政工局长邓文仪、军校校长张耀明和胡宗南、蒋经国等人座谈。大家都劝蒋介石尽早离开成都。

一份窃获的电报搅得老蒋晕头转向

蒋介石经大家劝说，见局势如此，实难扭转，于是决定明日（10日）离开成都去台湾。

10日晨，蒋介石和幕僚们正共进早餐，副官送来一份窃获卢汉给刘文辉的电报，内容为"要刘文辉会同四川将领扣留蒋介石，为人民立功"。蒋介石看完电报，气得脸发白手发抖说："刘文辉与卢汉早有勾结！"看来成都是不能久留，立即下令收拾行装飞往台湾。

1949年8月29日，国民党西南军政会议在重庆召开，出席会议的有：左排张群（左五，立者），刘文辉（左六）；右排四蒋介石，右排五孙震，右排六邓锡侯。来源：《蒋介石在大陆下的最后一道命令：炮轰刘文辉公馆》，《世纪》2002年第4期

为出恶气下令炮轰刘公馆

过午，蒋介石一行的车队从北校场开往凤凰山机场。到达机场后，蒋介石下车不和任何人打招呼，由守在专机前的毛人凤扶上舷梯进入机舱。他坐定后，才传见胡宗南。胡宗南登上飞机立正站在蒋介石面前等待接受命令。胡宗南刚要开口，蒋介石摇手说："顾总长随我走后由你代理西南军政长官，你的任务，当前是迅速消灭刘文辉部队。"又加重语气说："炮轰刘文辉公馆！"胡宗南答应："是！"

国防部二厅根据蒋介石下达的"炮轰刘文辉公馆"的命令，制定了方案：1. 刘文辉及其家族在四川、西康几十年，鱼肉乡民，占人田地房屋，种贩鸦片，贩卖吗啡毒品，其家族财产田地总计在万亩以上，所以必打必抄；2. 刘、邓（指邓锡侯）两部向来不和，只打一个不打另一个，可使刘、邓互相猜忌，甚至内讧。即使我们在成都撤守，对刘、邓以下人员，共产党的政策也会"惩治"他们，使之自食其果，怨恨共产党。这样可在共产党和起义部队之间，埋下一颗定时炸弹。

胡宗南看了方案，认为讲得颇有道理，他批文叫盛文执行。

盛文于12月11日命254师师长陈岗陵派一个团去执行抄打刘文辉新玉沙街公馆的任务。

陈岗陵将这一任务交给760团团长缪银和去执行。缪银和接受任务后，集中两个营的营、连长换上便衣先到刘文辉公馆周围侦查。见刘公馆内警卫只有一个排30余人，另有自愿来保卫刘公馆的省会警察局侦缉大队长汤国华带来的20余人。人数加起来并不多，他们都没有重武器。13日清晨两点，尹连长带全连先将刘公馆包围，前后门把守，对左右民房未派队占领。团长缪银和派配有无后坐力炮的一个营担任主攻，另一个营为预备队。

缪银和原计划使用集束手榴弹，无后坐力炮轰开刘公馆大门。盛文、陈岗陵认为这样会连带左右民房遭殃，要缪银和的进攻部队用机枪和手榴弹威胁，迫使刘文辉的守卫部队就范。晨4时，缪银和下令进攻时，考虑到蒋介石"炮轰刘文辉公馆"的指令，于是他下令，无后坐力炮对准刘公馆的大门，开两炮。先将大门的门坊炸毁，守门的士兵打死打伤各一人。攻击部队向院内射入密集的枪弹，然后冲入院内用步枪、机枪向门窗射去。将守刘公馆的廖辉等6人打死、4人负伤。其他警卫士兵见攻击部队来势凶猛，难以抵挡，纷纷逃走。

当攻击部队在院内搜查，只有门房和刘文辉的机要秘书范仲甫等人吓得缩成一团，另外有几个妇女和孩子，是老家大邑县来的亲戚，已吓得丧魂落魄，哭哭啼啼。

炮轰中刘公馆化为瓦砾

师长陈岗陵得到战斗结束的报告，派副师长李鹤来刘公馆检查战果：双方死伤10余人，缴获步枪40余支、轻机枪6挺、水旱重机枪1挺、手枪4支、冲锋枪4支、各种汽车6辆。李鹤叫缪团长将被俘人员集中在一间屋子听候处理。

缪团官兵冲进刘公馆后，便打门撬窗，翻箱倒柜，到处寻找值钱的东西，大发洋财。官兵在公馆花园草坪侧边平房粉壁墙内，发现另有一层铜壁，认定这就是库房。官兵一拥而上，用石头砸、斧头砍仍打不开。一个军官发现库房铜门上有"成都协成银箱厂监制"的字样。他派士兵赶到华兴街找来该厂的技工，才把铜门打开。官兵涌进库房一看，里面存放有金条、银圆、鸦片、字画、古董、玉器、鹿茸、麝香、虫草和各种听装的香烟等。大家见金条就往衣袋里装。副师长李鹤视察完毕，向陈岗陵报告并汇报盛文，问物资如何处理，盛文决定派一个警卫连负责守卫公馆内的财务，公馆外仍由254师守卫。

"防总"副总司令兼参谋长沈开樾曾任蒋介石侍从、警卫组组长，浙江人，又是蒋的侄女婿，黄埔三期学生，比盛文资格老。盛对沈开樾很尊重。沈开樾认为对打、抄刘文辉私宅做得太过火，下令释放全部被俘人员，并允许带走自己的东西。

盛文事先没料到刘文辉家里留下这么多财物，当他得报财物很多时，手令：禁止搬动刘公馆内财物。由政治部、参谋处、军需处及254师及760团组成清查委员会，查清查封后，立即上报。清查委员会将黄金等财物装了几卡车，运交防卫总司令部。盛文等人面对这些物资，不敢私吞。他只取了金牛等铸件，然后报告胡宗南请示处理办法。胡宗南批示："刘文辉几十年来，在四川横行，搜刮民财，种贩鸦片。危害人民。现经查明全部没收。对有功官员给予奖赏。"盛文下令，抄家的金银财宝等物以20%作为奖励官员，80%作为军费。

盛文逃离成都前夕，令官兵在刘公馆的三幢砖房下面各埋一大箱炸药。他们预谋撤退成都后，刘文辉及其家属返回住宅，必遭炸死。12月25日，从刘公馆逃脱的卫士李成孝，伙同刘文辉方正街住宅的王老幺，跑回刘公馆，想捡点残留的东西。他俩刚踏上一幢楼房，只听"轰隆"一声震天动地的巨响，尘烟弥漫，砖石瓦块乱飞。两幢砖房变成残垣断壁。李成孝、王老幺被炸得血肉横飞。

人民解放军进驻成都，派人到刘公馆排除了未爆炸的炸药。12月

171

17日，刘文辉的家眷才安全返回住宅。起义将领贺觉非知道这次胡军打抄刘公馆，刘文辉损失黄金达20余万两。那天，他特来看望刘文辉说："主席这次损失太大了！"刘文辉坦然地说："我倒没有啥子，念佛的人，四大皆空嘛！不过，我的女人很难过！"

（原载《世纪》2002 年第 4 期）

刘文辉与西康建省

马宣伟

　　西康建省和刘文辉出任省主席，是经过长期的酝酿、协商、疏通，牵涉到中央到地方的方方面面的关系，才于1938年11月22日于国民政府行政院会议讨论通过。西康省于1939年1月1日正式成立，刘文辉任省主席。在建省过程中，刘文辉为自己找一块生存、立足之地，是费尽苦心和竭尽全力的。

云南西康建省前

　　建省前的西康地区，旧称川边，系指东起打箭炉（今康定），西至丹达山，南接云南，北连青海的广大地区。这个地区居民绝大多数是藏族，只有少数汉、蒙、回、彝等族杂居其间。1904年5月，英帝国主义侵略军攻占江孜，进逼拉萨，迫使达赖喇嘛于6月19日仓皇出走。英军强迫藏方签订"拉萨条约"，企图使西藏脱离中国，变为英国的殖民地。这时，四川建昌道员赵尔丰（川边地区属建昌道管辖），向四川总督锡良建议：将川边各地改设县治，划为行省，以防英帝国主义觊觎；同时派驻重兵，加强统治。锡良奏请政府，批准这个计划。1905年清政府所派驻藏帮办大臣凤全在巴塘被杀害。锡良奏派赵尔丰为炉边军务督办。1906年6月巴塘事件平息后，8月设置川滇边务大臣，任命赵尔丰为首届边务大臣。赵首先在巴塘、理塘两土司辖地设立州县，以后又下令全康土司及呼图克图缴出封号印信，在他们管辖的地方普设县治；随又西赴察木多（今昌都），用兵打三岩，即将金沙江西岸各地普遍设官治理。赵尔丰和他的继任者傅嵩秋在川边厉行改土归流，设治三十余县，拓地千里，奠定了西康建省的基础。

1911年，代理川滇边务大臣傅嵩秋秉承赵尔丰的意旨，上奏清政府，建议在川边设置"西康省"行省。同年，保路运动在四川爆发，傅嵩秋率成康军队回川镇压。西藏达赖喇嘛在英帝国主义唆使下，趁边备空虚东侵，派兵占据了昌都地区各县，连金沙江以东的德格、邓柯、白玉、石渠等县亦被藏军袭占，建省之事未成。

辛亥革命后，民国初建，边防空虚，英帝国主义怂恿西藏上层分裂主义分子，驱逐北京政府新派的驻藏大臣，叫嚣西藏是"独立国"，妄图分裂我国领土，并支持藏军东侵川边，进占昌都各县，甚至屡次侵犯金沙江以东的德格、邓柯、白玉、石渠等县，甘孜、康定危急。北京政府先后派尹昌衡、张毅、殷承献、陈遐龄为川边经略使、镇守使，统兵进藏平乱，剿抚川边。藏军反复侵犯，战乱不休。1918年10月，经英国领事台克曼出面调解，陈遐龄所统汉军与藏军停战签字，双方撤兵。自绒坝岔以南，经瞻化、巴安、得荣、盐井为汉军防线，其西为藏军防线。陈遐龄所辖川边地域，又丧失西部南北路共11县，所辖仅有19县。

1925年2月7日，北京临时执政府令：四川川边道所属地暂行改为西康省特别行政区域，同时特任刘成勋为西康屯垦使兼民政事宜，孙涵为西康边防总司令。刘成勋于12月与孙涵商讨边事，决定设屯垦使行署。川边军政大事全由刘成勋统管。1926年1月，刘成勋在雅安筹划川边军民大计，其防地为自新津起上川南的宁属、雅属及邛属等各县。他统率第23军及边军。1927年6月，24军军长刘文辉以突然袭击的方式向刘成勋的防地进攻，不到10天就攻占上川南防地双流、温江、崇庆、邛崃、新津、名山、丹棱、蒲江等县，接管了刘成勋的西康戍区和部队。这时，刘文辉已是四川省主席兼24军军长。他通过驻京代表张希骞的疏通，由蒋介石委派刘文辉兼川康边防军总指挥。

1928年9月17日，国民政府发布命令，"统一告成，训政开始，边远地方行政区域，亦应分别厘定，肇启建设宏规。所有热河、察哈尔、绥远、青海、西康各区均改为省。所有热河、青海、西康三省区域，均仍其旧"。因刘文辉已是四川省主席，对西康建省不重视，只在康定设立了一个"西康政务委员会"，隶属24军边务处。

1933年秋，刘湘联合邓锡侯、田颂尧、李家钰等川军组成"安川军"，将刘文辉击败。刘文辉丢掉四川省主席，率残部退据雅安，驻川边地区。

加紧谋划西康建省

西康建省，清末民初就有倡议，但未实行。1935年2月10日，刘湘就任四川省主席后，在蒋介石支持下，为打破四川防区制，下令各军交出防区。刘文辉占据的宁属（西昌地区）、雅属（雅安地区）历来属于四川，他不得不交给刘湘管辖。这样，刘文辉部只困守西康地区，赋税收入很少，远不足以供给他的部队所需。刘文辉迫于危及生存的处境，遂根据西康地区的历史条件，派出他的驻京办事处主任冷融，尽力活动西康建省。国民政府行政院院长汪精卫念及刘文辉在1930年派代表赴香港迎汪到北平召开扩大会议，而极力支持他搞西康建省。蒋介石也不愿刘湘的势力过大，甚至兼并西康，也同意让刘文辉占据西康，作为牵制刘湘的工具。于是国民政府在1934年12月任命刘湘为四川省主席的同月，也任命刘文辉为西康建省委员会委员长，委员为诺那（藏）、向传义、刘家驹（藏）、张铮、冷融、段班级。此时，刘文辉已无力他图，只得一心筹划西康建省事宜，其方针为"外分内合"。

建省委员会的成立，标志着西康建省被正式提上了议事日程，但是刘文辉占据的19县和1个设治局，人口仅有30万左右，每年收入的赋税只有50万元，与初步拟定的建省后开支年需300多万元相差甚远。刘文辉向国民政府提出两项要求：1.请照绥远、察哈尔建省曾划入河北省部分地区的成例，将四川的宁、雅两属15县和两个设治局划归西康管辖；2.请照补助察、绥建省成例，除本省收入外，差额由国民政府全部补助。

刘文辉的两项要求，行政院院长汪精卫照例支持，但蒋介石却不

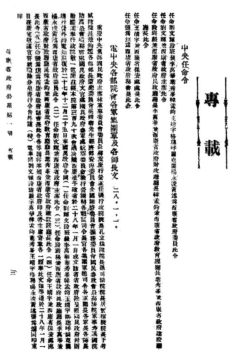

国民政府任命令。来源：《西康省政府公报》1939年第1期

肯出钱。至于划宁、雅两属归康，蒋介石则令四川省政府核定。但四川省主席刘湘却予以拒绝。刘文辉如得不到宁、雅两属，西康当然就无法建省。待到1938年1月20日，刘湘病逝汉口。25日，行政院即改组西康建省委员会，派刘文辉、段班级、李万华、任乃强、叶秀峰、周学昌、王靖宇、韩孟均为西康建省委员会委员，并指定刘文辉为委员长，王靖宇兼省委员会保安处处长。

刘湘死后，刘文辉与刘湘的部下，44军军长王瓒绪达成协议：王瓒绪出任四川省主席，而刘文辉则将得到他朝思暮想的宁、康两属。此时，抗战局势日趋紧张，更显示出西康建省的重要性。蒋介石也乐得顺水推舟，借此拉拢刘文辉。

1938年4月，刘文辉到汉口见蒋介石时，蒋除了当面答应划宁、雅两属归西康外，还应允在西康省政府成立后，按省预算由国民政府与四川省政府补助西康不足的行政和建设经费，并拨款修筑川康公路。同年5月，王瓒绪出任四川省主席后，即派四川省政府委员吴景伯为代表，与刘文辉的代表王靖宇商定川、康划界问题。最后经最高国防会议批准，四川的宁、雅两属等自9月1日起，正式交西康省接管。

西康正式建省

1938年11月20日，国民政府行政院在武汉召开国务会议，行政院长孔祥熙主持会议，副院长张群提出会议讨论通过西康建省问题。张

176

群发言完毕，教育部长陈立夫即对西康建省提出反对意见，会议形成僵局。这时，国民党元老、蒙藏委员会委员长吴忠信发言说，抗战已进入紧要关头，大片国土已丧失，只有四川、云南、贵州三省了。西康省的建立，内可促进边民之向华，外可杜强邻之觊觎，对加强国防，开发西康，发展经济，稳定人心，安定后方，增强抗战力量，恢宏必胜志气，都有很大作用。而且西康建省还有利于维系中央政府与西藏地方政府的联系，并为解决长期以来康藏边界纠纷，改善康藏政治关系，提供条件。西康与西藏毗连，唇齿相依，民族、宗教、文化习俗等，有许多相同之处，渊源深远，所以有人认为"化藏必先化康，经康即所以经藏"。所以西康建省，不仅水到渠成，而且对国家对抗战好处很多，会议应该通过西康建省。吴忠信发言后，没有人提出反对意见。最后会议决议：西康建省。

1938年11月28日，行政院电西康建省委员会委员长刘文辉，电文称："密。西康准予建省，于二十八年一月一日成立，业经本院第三九〇次会议决议，并呈报国民政府。"根据行政院电函，西康省政府于1939年1月1日在康定正式成立。省政府主席刘文辉、秘书长张为炯、民政厅厅长段班级、财政厅厅长叶秀峰、保安处处长王靖宇。全省辖33个县和3个设治局，包括宁属的西昌、会理、盐源、盐边、宁南、昭觉、冕宁、越西8个县和一个金汤设治局；康属的康定、泸定、丹巴、九龙、雅江、理化、稻城、定乡、得荣、巴定、义敦、白玉、石渠、邓柯、德格、甘孜、炉霍、瞻化、道孚19个县和一个泰宁设治局。全省面积351521平方公里，人口150万人，省会康定。

刘文辉自就任西康省主席，直到1949年12月率部起义，当了十余年的西康省主席。蒋介石几次想撤换都未实现，这在全国省主席中是仅有的。

（原载《文史杂志》2002年第5期）

刘文辉不出席西康省主席就职典礼

马宣伟

1933年7月，四川善后督办、21军军长、四川"剿匪"总司令刘湘在蒋介石暗中支持下，与四川省主席、24军军长、川康边防总指挥刘文辉展开决战。刘湘联合四川各军组织成六路大军向刘文辉进攻。刘文辉在寡不敌众的形势下遭到惨败。他丢了四川省主席职和所占的四川地盘，十个师的部队被打垮，只带了两个师的部队暂住川边地区，另谋生存和发展之路。

刘文辉把自己的生存和发展，寄托在西康建省的成败上。他派24军驻京办事处主任冷杰生和高参邹趣涛，四处活动，希望早一天建省，能早一天有个落脚的地方。他们走行政院副院长张群、考试院院长戴季陶、蒙藏委员会委员长吴忠信等人的门路，让他们在国民政府中为刘文辉说好话。为了联络感情，刘文辉每月送张群五万元。

经刘文辉上下打通关节，国民政府于1934年12月28日命成立西康建省委员会。这让刘文辉为西康建省走出了第一步。为了早日实现西康建省，刘文辉亲自出马，带领军政官员在国民政府中

任西康省主席时的刘文辉（孙明经摄）。来源：刘世定：《祖父刘文辉的寻常之事》，《名人传记（上半月）》2010年第11期

央大肆活动，采取"外分内合"的方针。1938年11月29日，国民政府行政院电西康建省委员会委员长刘文辉，称："密，西康准予建省，并呈报国民政府。"根据电函指示，西康省政府于1939年1月1日在康定正式成立。

经过五年的努力等待，西康建省才得以实现，追随刘文辉多年的大小官员无不欢欣鼓舞，大有熬出头之感。他们都积极筹备庆祝，为刘文辉修桥、建图书馆。蒋介石派内政部次长黄季陆、军委会办公厅副主任张笃

1938年康定，骑在马背上的刘文辉和夫人杨蕴光。

伦到康定监誓刘文辉就西康省主席职。1939年1月1日这天，康定城家家悬挂中华民国国旗，文武官员都赶来参加就职典礼。黄季陆、张笃伦也早赶到会场。大家等了很久都不见刘文辉露面。正焦急等待着，主持典礼的司仪突然向大家宣布：刘文辉委员长不能出席典礼，由西康保安处处长王治人（靖宇）代表他就西康省主席职。刘文辉则在康定住宅里吸烟、休息，不过问就职典礼的事。

就职典礼结束后，刘文辉以西康省主席的身份成立西康省政府，秘书长为张为炯，民政厅厅长段班级，财政厅厅长李万华，教育厅厅长韩孟钧，建设厅厅长叶秀峰，保安处处长王治人。

刘文辉天天盼就任西康省主席职，到了正式就任省主席职这天，为什么又不出席就职典礼呢？其主要原因是：蒋介石对刘文辉就西康省主席职，只派出两名副部级的官员来监誓，表现出对刘文辉不重视。刘文辉遂以不出席就职典礼来表示不满。

刘文辉在西康省主席期间，与蒋介石明争暗斗了十年，一直到他率部起义。

（原载《文史杂谈》2010年第2期）

逸闻轶事

刘文辉与四川大学

陈昌泰

　　刘文辉主政川康期间，非常重视教育。他对家乡大邑的各级学校，多有资助。1930年，他在成都兴办了私立建国中学。任西康省政府主席期间，提出"政府的房子比学校好，县长就地正法"这样严厉的训令，足见教育在他心中的地位。1947年，华西大学办学举步维艰，刘文辉慨然捐资法币10亿元。

　　这里主要述说的是，在刘文辉主政四川、任省主席时完成了将四川高等学堂（公立四川大学）、成都大学、成都高等师范学校合并为国立四川大学的任务，使四川大学成为科系全、管理严、师资优的真正意义上的综合性大学。川大由此跻身于全国知名大学之列。

　　在三校合并之前，国立成都大学的校长是德高望重的教育家张澜先生。张澜，字表方（1872—1955），四川南充人。他是清季秀才，后补廪生，就读于成都尊经书院，旋赴日本留学。清末，他在广安、南充等地兴办小学、中学、职业学校、慈善公益学校等。张澜办学，声名卓著。朱德、罗瑞卿、任白戈等都是他的学生。1926年4月6日，张澜接受四川省公署任命，任国立成都大学校长。

　　四川的高等教育，溯源而推，则在清代1704年举办了锦江书院，1875年创办了尊经书院，湖南大儒王闿运应张之洞邀请，主持书院。他大胆革新，提出了要培养经世致用之才。书院先后培养出了杨锐、彭家珍、宋育仁、廖平、张澜等杰出人才。后鹿传霖主政四川时，停书院（因书院是旧式学堂）、办学校，于1896年6月18日创办了四川中西学堂，后改为四川通省大学堂，此为近代新式高等学校之始。民国时，学校更名为国立成都大学。到张澜主持成大校长时，他克尽时艰，迎难排难，力争三校合并，促进国立四川大学的建成。

张澜关于合并成立国立成都大学（即四川大学）致刘文辉的亲笔函（陈昌泰　提供）

三校合并，并非易事。一是校舍用地无保证；二是办学经费无固定来源；三是师资匮乏。张澜多次与时任省主席的刘文辉协商，并亲自给刘文辉写信陈述理由，谓："此关百年大计，须使规模宏远，不宜因陋就简，仅顾目前。特此奉陈，敬希垂察。"刘文辉亦亲笔回函张澜："决心集中人力财力，办一完整之大学，决无因陋就简之意。"

为达到三校合并之目的，刘文辉想尽办法，促进了驻军撤出办学场地，使川大皇城内用房用地及南较场校舍都得到了保证。为解决办学经费，刘文辉也颇费周折。当时，四川省名义上已统一，实则为多个军阀控制，财政不统一。刘文辉通过善后会议，又与其他军政首脑相商，终于将年拨盐税60万元用作为办学经费，使办学经费有了固定之来源。1930年10月7日在省政府召集的三大校长院长的会议上，刘文辉正式宣布了三大校的合并事项。国立四川大学终于屹立于省城成都。

在刘文辉的支持下，张澜执掌川大，改革时弊，提出

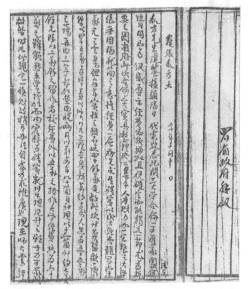

刘文辉回复张澜（字表方）关于合并成立国立成都大学（即四川大学）的亲笔函第一页（陈昌泰　提供）

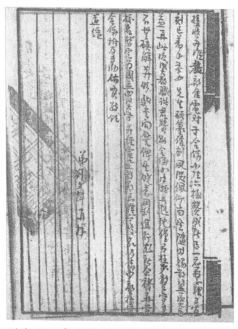

刘文辉回复张澜（字表方）关于合并成立国立成都大学（即四川大学）的亲笔函第二页（陈昌泰　提供）

了"打开夔门，欢迎中外人士来川讲学"。张澜广纳人才，亲自礼聘，各方英才俊彦云集川大，文、理、法三学院人才济济。国内外景仰之大学者林思进、周太玄、刘鉴泉、何鲁之、向楚、吴虞、吴芳吉、蒙文通等纷至沓来。张澜实行民主办学，以蔡元培为榜样，效仿北京大学，他继承并发扬了"兼容并包，思想自由，学术自由"的精神，把川大办成了"囊括大典，网罗众家"的西南最高学府。时川大各派思想自由传播，学术团体、学术刊物比肩林立，赢得了当之无愧的"民主与科学堡垒"的光荣称号。就师资而言，川大在当时全国立案的21所国立大学中，名列第7。这一切，为川大以后的不断发展奠定了良好的基础。

刘文辉在教育领域的轶事二则

蔡星明

刘文辉在安仁小学演讲

1944年（民国三十二年）夏季的一天，接县教育局通知，西康省主席兼国民党24军军长刘文辉将莅临大邑县第二高等小学堂安仁小学作抗日演讲，要求学校提前做好充分准备，安排好相关事宜，做好接待准备。这个大好消息立刻让全校师生欢呼雀跃。校长、教务主任、训育主任当即开会研究部署，各年级主任老师连忙组织学生清扫卫生、书写并贴好标语，把校园打扮得十分整洁。童军教官更是加紧训练童子军，要求每个学生着好童军服、手执童军棍，列队如井，步伐整齐；乐队鼓声落拍、号音入调。教务长来回在礼堂、操场、教室、寝室作全面检查，指示教师尽职尽责，不出纰漏；要求学生不怕苦累，大显军威。总之，全校上下，做好充分准备，接受刘军长的检阅！

是日，全校师生浩浩荡荡开往刘大石桥，肃立等候，列队迎接。不一会儿，刘文辉一行到达。童军教官一声令下，童子军个个立正挺胸、军棍如柱、两眼正视、行注目礼致敬；霎时，军号脆响，锣鼓轰鸣、响彻云天、如雷贯耳。其景其声，雄壮无比！

只见刘文辉头戴礼帽，身穿盘花马褂盖长衫，骑着高头大马，昂首正身向师生行来，紧跟其后的是一队步履刚劲、精神抖擞的卫兵。行到近处，刘文辉满脸笑容，频频向师生挥手致谢！马到桥头，刘将军一跃而下，向校长、教务主任、训育主任及道路两侧师生拱手行礼，十分和蔼可亲。在童军乐队的前导下，刘文辉与校长大步前行，大显军人气度；护卫士兵，紧随其后，十分机警。师生们随着鼓号节奏，紧跟在后

1944 年 8 月 27 日，刘文辉在西康教师节会上演讲（图片来自网络）

面，个个欢欣鼓舞。师生们到了校内，径直到大礼堂集合等候。刘文辉巡视一周后便在校长和教务长王寿堂陪同下来到由他捐资修建而成的礼堂，健步登上讲台中央，脱帽向师生行礼。两个卫兵持枪站立左右，立定如钉。顿时，全场掌声雷动，持续三分钟之久！

　　校长致了欢迎词后，热情邀请刘文辉训示。定了定神，刘文辉用他那庄重而严肃、洪亮而舒缓的语调，开始了题为《怎样做个国防人》的演讲。文辉讲："先生们、同学们，日寇侵我中华，铁蹄踏我河山，血腥屠我同胞，其行令人发指，其罪罄竹难书！经过六年艰苦卓绝的不懈努力，我们在东北战场、华北战场，取得了抗击日本倭寇的辉煌战绩。现在，中华民族到了生死存亡的关键时期。前方将士浴血奋战，后方百姓鼎力支援。我等川军将士，无不摩拳擦掌，随时做好准备，一旦党国有令，就将奔赴疆场！你们身为中华学子，一定要'读书不忘救国'，一定要'宣传全民抗战'，一定要'读书明志、强健体魄'，做个爱国、护国的国防人，做个救国、强国的有用人才！我们要万众一心，筑起心的长城，誓将日本侵略者赶出中国去！"

刘文辉的话语掷地有声，极其富于感染力。他的演讲刚一落音，在教务长的带领下，师生们振臂高呼："打倒日本帝国主义！坚决不当亡国奴！我们要做国防人！中华民族万岁！"其情其景，令人热血沸腾！

安小师生，听此演讲，倍受鼓舞。许多学生下定决心：加倍勤奋读书，快快长大成人，火速奔赴前线杀敌！宁肯血战沙场，也不庸碌而活！

时间已经过去70年，许多往事如烟散去，而刘文辉的这次抗日演讲的情景，让许多安仁小学学生至今历历在目，深深铭记心中，永远难以磨灭。

刘文辉的抗战题词

刘文辉对家乡文教事业的几次捐助

1938年，大邑县建图书馆。刘文辉、刘湘各捐资1000大洋，加上其他人士筹集的资金，修建了一座砖木结构的园林式图书大楼，配套了其他设施。1940年6月，图书馆建成竣工，刘文辉、刘湘二人又捐献了《万有文库》《太平御览》《汉魏丛书》等一批书籍。

1940年，大邑县立初级中学易地兴建。留省同乡向刘文辉请求捐资。刘文辉捐资1000大洋，一半用作建设校舍（教学楼一栋，面积400余平方米），另一半用作购置图书及教学挂图等用具。

1941年（民国十九年），刘文辉捐资500大洋，为大邑县安仁镇县立第二高等小学堂（原光相寺小学）修建面积为280余平方米的礼堂一座。学校还用余下资金，在礼堂周围植树种花，美化环境。

彭县起义建奇功

蔡远

1949年12月9日，刘文辉、邓锡侯、潘文华联名从彭县向毛主席、朱总司令发出起义通电，郑重声明：刘邓潘三部从即日起与国民党反动派断绝关系，竭诚服从中央人民政府和毛主席、朱总司令的领导。通电由杨家桢参谋长交王少春电台转发。川军、第24军、95军和235师同时宣布起义。

朱总司令复电刘、邓、潘，对三部起义深表慰勉，并指示通令所属，遵守中国人民解放军的约法八章和二野的四项号召，改善军民关系和官兵关系，为协助解放军和人民政府，肃清反动残余，建立革命秩序而奋斗。起义通电和朱总司令复电传达后，全省军民热烈拥护，西康省宣布和平解放。

24军起义后，便在军长刘文辉指令下，与蒋军进行了三次重要的战斗，即：

成都武侯祠之战。刘部董旭坤团，是随刘文辉军长来成都的，任务是机动待命，并负责掩护转移到武侯祠及附近的中共党员和民主人士。据原24军副参谋长肖天才、上校参谋李仕安、当年董团参战的连长李家贤等提供情况：刘文辉宣布起义后，胡宗南之第三军盛文部，于12月13日夜，以数倍于董团的兵力，附以坦克、装甲车，向董团突然袭击。该团先掩护中共党员、民主人士安全转移，然后在敌重重包围中奋起应战。苦战至翌晨8时，武侯祠围墙被敌坦克突破，官兵在激战中大部分牺牲，一部分被冲散，一部分被俘。董旭坤团长突围后率余部归队。

西昌之战。24军西昌驻军为伍培英的136师师部直属队，只有12个连。蒋为控制西昌这个战略要地，于1949年11月又空运西昌一个加强团，此时蒋军兵力已超出伍师一倍。据刘文辉长女、伍师长的夫人刘元恺回忆，年初，为争取西昌警备司令贺国光，伍培英曾同贺多次交谈，贺一再表示："愿与自乾一道走和平起义的道路。"但他耍的是反革命两手，暗地里向蒋告密，并准备偷袭伍师。24军起义后，贺立刻调兵包围了该师。伍鉴于形势不利，乃率所部于12月12日晚撤退，遂与蒋军发生激战。伍师少将高参薛奉元、团长刘文虎牺牲，官兵伤亡200人，辎重和军械损失大半。但伍师主力胜利突围。

川康阻击战。为迟滞蒋军南逃西窜，配合解放军歼敌，刘文辉命所部对蒋、胡军积极展开阻击战。24军137师及军直、省保安团各一部，在刘元琮师长等指挥下，沿成都至雅安一线对南逃的胡部九个团进行阻击，并两次与解放军会师。从西昌撤出的136师，在伍培英指挥下，在富林地区阻击企图西窜之蒋军宋希濂、王陵基、王伯华残部七八千人。与敌对峙月余，这股敌军终于被解放军歼灭。24军康属部队还在丹巴地区阻击了蒋军残部。

这三战，宣告了起义军投向人民的怀抱，并以实际行动与国民党反动派彻底决裂，为解放川康做出了贡献。

（节选自蔡远：《西康王刘文辉》，《文史精华》1997年第7期）

贺龙巧劝刘文辉戒烟

邓寿明

　　大西南解放后，中共西南局掀起了声势浩大的严厉禁种禁食鸦片运动。西南局的主要领导邓小平、刘伯承、贺龙都亲自抓这件大事。当时住在成都的刘文辉因有病在身，一时难以戒烟。刘文辉是四川著名的地方实力派人物，1933年在四川军阀的大混战中被他的侄儿刘湘打败，率残部退到穷乡僻壤的川康边藏区后，就把经营鸦片烟作为军政费的主要来源，后来，国民党建西康省，委刘文辉任省长兼24军军长。抗日战争爆发，国共合作抗日的统一战线建立，蒋介石迁都四川重庆，中共中央在重庆设立八路军办事处，党内称为中共南方局，主要负责人是周恩来。刘文辉对蒋介石来川后继续他的独裁统治极为不满，逐步向共产党靠拢，在重庆和周恩来多次秘密晤谈，与我党建立了实质性密切关系。1942年6月，周恩来与刘文辉达成协议，决定在刘文辉军部雅安设立秘密电台，从此，刘文辉就直接和延安的党中央建立起长期稳定联系。解放大西南的战役开始后，刘文辉和时任西南军政长官公署副长官的邓锡侯、潘文华根据我党的安排于12月9日在四川彭县通电起义。

　　贺龙率部由陕入川，坐镇成都，在雷厉风行地处理各种棘手矛盾时，还登门拜访了不少川西

1950年1月，贺龙（左1）在成都接见起义将领刘文辉（右2）、邓锡侯（右1）

地区起义投诚的国民党将领和四川、西康两省的地方实力人物，其中刘文辉的家贺龙去得最多，因为入川前，贺龙就曾听周恩来、朱德介绍过刘文辉的情况，中华人民共和国成立后，中共中央又任命刘文辉任西南军政委员会副主任（主任是刘伯承）。因此，贺龙把刘文辉看成是我党的老朋友，还就进军西藏问题，川、康两省问题向刘文辉征询意见。除工作关系外彼此间又多了一层朋友关系。

改造起义部队工作开始以后，四川地方实力派掌握的军队首先就有一个禁食毒品问题，被老百姓称为"双枪兵"（指枪和烟具）的川军，要做好这一工作，就得从刘文辉本人做起。因为刘文辉本人就吸食鸦片。贺龙决定抽时间去找刘文辉谈一谈。

刘文辉原来住在成都市内的新玉沙街。他起义后，那座大公馆被当时还在成都的胡宗南部洗劫一空，三幢房子被炸毁两幢，地面也被挖得大坑小洞。成都解放后，刘文辉无家可回，便住在他妻子的哥哥家，贺龙经常去看望，去熟了，就随便了，要去就不一定先打招呼通知了。

1950年2月的一天，贺龙又带上警卫员等人到刘文辉家去拜访，准备和他谈谈戒烟问题。贺龙一行径直到了客厅落座，这时，刘文辉正巧在内屋吸大烟，闻声急忙出来相见，在谈笑闲聊中，贺龙笑道："自乾兄，你还没有缴枪啊！"

刘文辉有点懵了，略一迟疑，忙说道："贺老总，我的军队全交了，还有什么枪没有交？"

20世纪50年代初，西南军政委员会部分人员合影（右起：邓小平、贺龙、熊克武、龙云、王维舟、刘文辉）

贺龙面对着刘文辉笑道："还有鸦片烟枪没有交出来呀！"

贺、刘两人都相视地大笑起来，刘文辉接着认真说道："贺老总，你是晓得的，我抽烟多年了，不抽不行啊！在彭县起义时，我把烟盘子都拌（即砸）了，只是有病在身，不抽不行呀！"原来，刘文辉患有严重的哮喘病，当时已有的各种中西药都用过不少，但效果总是不理想，在犯病时抽几口鸦片烟可以缓解病痛的折磨，这一点，贺龙也是知道的。

听了刘文辉的诉说，贺龙沉思了一下，开口说道："戒烟是件痛苦事，不过你已经起义了，还担任领导职务。24军以后还要整编成人民解放军，不戒烟是不行的。这件事还要请你带个头。"说到此处，贺龙停顿了一下，继续说道："你看这样行不行，第一，逐步减少；第二，进一步完全戒掉。你能下那么大的决心起义，还下不了决心戒烟吗？至于哮喘病可用最好的中西药慢慢治疗和调理嘛。"

刘文辉一拍大腿说："贺老总，对，听你的！我一定带头把烟戒掉。"

此后，刘文辉很快就把鸦片烟戒掉了，还传话给跟随他起义的军政人员一律要立即戒烟。改造起义部队的军代表以刘文辉为榜样教育部队，终于在较短的时间内全部禁除了旧军队吸毒的恶习。

后来，西南军政委员会和西南局撤销后，刘文辉调北京，任全国政协、全国人大常委，还担任了国家林业部部长。

（原载《四川党史》2002 年第 5 期）

刘文辉的紫檀木家具

吴宏远

在大邑刘氏庄园博物馆，有一套清代紫檀木中式座椅，一套共12件，其中椅子8把，茶几4张。每把椅子通高108厘米，宽99厘米；茶几高87厘米，宽39厘米，长52厘米。这套紫檀木家具呈暗紫红色，纹理细腻，色彩光亮，工艺精湛，装饰华丽，厚重典雅。在椅子的靠背、座中和茶几的桌面上都嵌有清新自然、纹理生动的大理石，给人以凉爽、滋润的感觉。四周嵌有螺钿装饰的人物、鸟兽、花草等吉祥图案。椅子和茶几错嵌有碧玺、翡翠、玛瑙、珍珠等各色珠宝280颗。精细的雕琢抛磨出照人的光泽，大理石纹路恰似一幅泼墨山水画，是天然美与人工美的完美结合，一眼望去整套家具珠光耀眼，光彩照人，可谓精美绝伦。

紫檀是世界上最名贵的木材之一，主要产于南洋群岛的热带地区，一般一棵紫檀木要生长几百年才能成材。据赵汝珍《古玩指南》介绍：……盖紫檀难长，非数百年不能成材。明代采伐殆尽，清时尚未复生，来源枯竭，亦紫檀为世所宝之一要因也。且欧美人士之重视紫檀，较吾国尤甚，以为紫檀绝无大木，仅可为小巧器物。拿破仑墓前，有五寸长之紫檀棺椁模型，参观者无不惊慕。可见紫檀木是一种十分珍贵的

紫檀木嵌螺钿珠宝中式座椅

木材。

刘氏庄园博物馆里的这套紫檀木家具源自何处？众说纷纭，但都与曾担任四川省省主席、西康省省主席、24军军长的刘文辉有关。

一种说法是：国民革命军24军军长刘文辉败退西康后，为了同地方搞好关系，常同土司、袍哥等来往。羊仁安（1878—1951）是汉源人，民国初曾任川康边防军旅长，占据宁属，1928年回汉源，是西康地区的袍哥头子。有一次，羊仁安请刘文辉吃饭，刘文辉在客厅里见摆有1套紫檀木中式座椅，每把椅子上都镶嵌碧玺、翡翠、玛瑙、珊瑚等各色珠宝，古香古色、十分珍贵。羊仁安见刘文辉看了又看，摸了又摸，爱不释手，上前解释说："这是清朝的一个皇帝御赐给昌都一位大土司的，后来被我购买收藏。"

过了一段时间，刘文辉托人给羊仁安带话，说准备接待前来雅安视察的中央大员，可否将那套椅子借用一下？羊仁安也很懂"板眼"，知道借是假，要是真。他想今后有许多事情还要仰仗刘文辉，不如送给他算了。此后，刘文辉委任羊仁安为宁雅边境联防司令，并送给他一批枪支弹药。后来当地知道这件事的人，戏称羊仁安为"椅子司令"。

另一种说法是：1853年太平天国定都天京（南京）后，洪秀全派专人去南洋采购紫檀木，聘请能工巧匠，专门定制了八把椅子，作为各王议事之用。1864年7月，曾国藩弟、湘军将领曾国荃率部攻陷天京，大肆烧杀抢掠，洗劫三日，太平天国多年积聚下来的金银财宝最终也不翼而飞。曾国荃手下的部将鲍超首先攻入天王府，将这套紫檀木椅子占为己有，随后运回老家四川奉节县珍藏。

鲍超孙女鲍大经年轻时是一位网球爱好者，20世纪30年代曾获全国女子网球团体和个人单打第二名，她嫁给了抗日名将、后任成都市市长的陈离，这套家具作为嫁妆运到成都。其后，陈离又将这套椅子送给了时任川军罗泽洲部少将参谋长的二弟陈谷生。

"二刘大战"后，刘文辉率部退到地瘠民贫的雅安，政治上、经济上陷于困境，一度情绪低落。1935年12月15日，是刘文辉的40岁生日。刘文辉与部属在庆祝进驻雅安两周年不久，其亲属和同僚们为了使刘文辉重振雄风，又积极为刘文辉筹划四十大寿。当地一天主教堂的马神父还给刘文辉送了一面红缎锦旗，上绣一段英文，意为"生命始于四十"。刘文辉下面几位贴心的师、旅级军官为了博得刘文辉的欢心，用重金从陈谷生手中购买这套紫檀木家具，作为寿礼送给了刘文辉。刘文辉的四十大寿在雅安举办得非常隆重，当地军政界、士绅、商人送了各式各样的礼物。刘文辉将寿礼的钱物一律充公，修建雅河桥。雅河桥建完后，这座桥被命名为"文辉桥"。唯有这套紫檀木椅子刘文辉十分喜爱，没有充公，特意留下安放在成都市新玉沙街的公馆内。1940年，刘文辉长女刘元恺与24军参谋长伍培英结婚，刘文辉又将这套椅子送给了女儿，作为"添襄陪嫁"，伍培英将家具安放在成都玉带桥自己的公馆内。

1949年11月，24军准备起义。伍培英同夫人刘元恺商量，为了避免国民党军队对家人的报复和免遭这套珍贵家具受到战火的损坏，派出一个排的兵力，将夫人和子女护送回老家大邑县出江镇，同时将这套家具用棉絮、麻袋包裹，武装押运回老家。由于当时大邑县城至出江镇，没有公路，是一条有30余公里的山路，只得以士兵和民工用人力抬回老家公馆内。

1950年，土地改革开始，伍培英父划为地主成分，这套紫檀木家具被政府没收。此时起义后的伍培英，任命为中国人民志愿军炮三师师长，准备出国参战。他获悉后，找到川西人民行署委员会，声称这套家具是他本人的，不属于其父，并愿意捐赠给大邑县人民政府。县政府接收这套家具后，曾一度作为办公家具使用，后由大邑县文化馆收藏，也曾在县城子龙庙和文化馆展出。1958年10月，组建大邑县地主庄园陈列馆，县政府又将这套家具移交地主庄园陈列馆珍藏，后被评为国家一级文物，现在这套珍贵的紫檀木家具在刘氏庄园文物珍品馆展出。

（原载《龙门阵》2009年第11期）

附录

刘文辉旧居陈列馆（双子宫）全景

大邑安仁古镇刘文辉旧居陈列馆（双子宫）——（刘春明 摄影）

主要参考文献

刘文辉：《走到人民阵营的历史道路》，中国文史出版社，1962年版。

彭迪先、舒国藩：《刘文辉史话》，四川大学出版社，1990年版。

杨家润：《刘文辉将军传》，华文出版社，2011年版。

刘元彦：《我的父亲刘文辉》，《三联生活周刊》2007年版。

黄应乾：《刘湘、刘文辉混战始末》，文史资料出版社，1980年版。

邓锡侯：《我在川西起义的经过》，成都出版社，1990年版。

郭造勋：《潘文华起义的经过》，成都出版社，1990年版。

大邑县志编纂委员会：《大邑县志·人物志》，四川人民出版社，1992年版。

匡珊吉、杨光彦主编：《四川军阀史》，四川人民出版社，1987年版。

后 记

　　"民革前辈纪念场馆系列丛书"之一的《刘文辉与安仁故居》与广大读者见面了。该书的出版得到民革中央领导、民革大邑县支部、刘氏庄园博物馆、党内外专家学者等各方的大力支持。

　　本书刘文辉传略部分，由大邑县退休教师杨家润执笔。杨家润老师曾花费数十年时间，先后撰写过多位大邑籍名人的传记。他掌握了大量有关刘文辉的文史资料，对刘文辉生平有过细致的梳理，《刘文辉将军传》就出自他的笔下。此次，他用简练生动、通俗易懂的方式全面、简要、客观地讲述了刘文辉从一名旧时期四川军阀到新中国林业部部长转变的传奇人生，从一个侧面反映了中国共产党领导的多党合作和政治协商制度具有历史的必然性、伟大的独创性和巨大的优越性。

　　安仁故居概说部分由蔡星明老师和吴宏远馆长执笔完成。蔡星明老师是大邑县一位退休教师，曾担任大邑县政协文史学习委员会主任，对大邑县安仁镇的历史发展比较熟悉；吴宏远馆长曾在安仁镇刘氏庄园博物馆工作长达25年，其中担任博物馆馆长有11年，见证了博物馆的沧桑变迁。他们全面详细地介绍了安仁古镇的历史沿革、故居的环境、现状，以及故居的保护利用，便于读者更加深入了解故居情况。

　　回忆与怀念部分，主要由刘文辉本人的文章和他人对刘文辉回忆的文章两部分构成。逸闻轶事部分则是由刘文辉故居的故事、刘文辉本人的一些轶事、刘文辉在某个领域的工作情况等数篇文章组成。在此特别感谢大邑县人大常委会原副主任、民盟大邑县支部老主委陈昌泰先生。得知该书出版，陈昌泰先生亦热心搜集资料、图片，提供了数篇文章以供编者挑选、充实内容。这两个部分的文章涵盖面较广，编者希望能以此从多个方面展现刘文辉的传奇人生。

本书的图片主要由吴宏远馆长及刘氏庄园博物馆提供。

正是有各方的大力支持，本书才得以顺利面世。谨在此向上述各位领导、专家和同志，致以衷心的感谢。

由于本书供稿者来自多个方面，组稿工作比较困难，文稿编辑工作也十分艰巨，需多方核查资料，力求史实无误，加上编者水平有限，本书如有不足之处，敬请批评指正。电子邮箱：suiyanhui01@126.com。

民革中央宣传部

【后记】